山口あゆみ

名古屋円《えん》頓《どう》寺《じ》商店街の奇跡

講談社+α《プラスアルファ》新書

プロローグ〜シャッター街はなぜ甦った？

毎日四〇〇本もの東海道新幹線が発着する名古屋駅。夜空には高層ビルの灯《あか》りが煌々《こうこう》と映り、光と熱気をまとっている。

二〇一五年から一七年にかけて、大名古屋ビルヂング、ＪＲゲートタワー、ＪＰタワー名古屋の三つの大型高層ビルが登場し、新しいテナント店が数多くオープンした。海外ブランドや東京の有名店は言うまでもなく、地方都市の人気店も名を連ねる。全国の人気店がこんなにひと所に集まっているのは日本でここ名古屋駅周辺以外にないだろう。三つのビルの完成に伴って駅周辺のインフラも整備された。

この名古屋駅前大規模再開発を受けて、一部のメディアでは「大阪と名古屋の闘い」とまで評される。東京（品川）と名古屋を四〇分で結ぶリニア中央新幹線が名古屋開業するのは二〇二七年。一方、大阪まで延伸するのは当初の計画どおりならば二〇四五年の予定である。関西に拠点を置く企業が名古屋とその周辺に拠点を移し、名古屋が〝大いなる田舎〟から脱却して東京に次ぐ第二の大都市になるのではないか、ということだ。

今、名古屋の人に名古屋のことを訊《き》くと、話の最後に「もうすぐリニアも来るしね」と言う人が多い。想像もできぬスピードで名古屋駅の地下にまっすぐ滑り込んでくるリニア。そのイメージが、これからの発展への期待をいやがうえにも高める。

そんな名古屋駅の高層ビルから夜、市街を眺めると、すぐ足元のあたりに灯りの暗い場所がある。そこは名古屋駅から北東に向かい堀川にあたるまでの那古野というエリアで、古くからの商店街が三つつながっている。

那古野は「なごの」と読むが、明治三一（一八九八）年までは「なごや」と呼ばれていた。「尾張名古屋は城でもつ」といわれた江戸時代からの商業地区で、かつて名古屋でもっとも人を集め、おおいに賑《にぎ》わった場所である。

しかし今、実際に名古屋駅から歩いてみると、駅からいちばん近い「西円頓寺《にしえんどうじ》商店街」はほとんど商店街の体を成していない。目立つのはコインパーキングである。人影薄く、その寂しさはすぐそばの名古屋駅周辺とあまりに対照的だ。

やがて「円頓寺《えんどうじ》本町《ほんまち》」という商店街に入る。ここにはアーケードがあり、昭和感あふれるどこか懐かしい風情の店が並んでいる。しかしシャッターを下ろした店も多い。この商店街をまっすぐ抜けると、高速道路が上を通る市道江川線に行き当たる。

交差点には、織田信長、豊臣秀吉、徳川家康、そしてなぜか水戸黄門の彫像が立つ。信号を渡ると再びアーケードが始まる。アーケードの木調のファサードには「円頓寺《えんどうじ》商店街」とある。懐かしさとモダンさが入り交じったデザインだ。「今まで歩いてきたふたつの商店街とはちょっと雰囲気が違う」と感じさせられる。

この商店街、実は名古屋で今もっとも注目を集める商店街である。名古屋の人に「円頓寺商店街」について訊くと「ああ、あの元気な商店街ね」と言われる。女性からは「おしゃれな店が多い商店街ですよ」という反応が返ってくる。「店を出したい憧れの場所」と答える飲食業の人もいる。また、メディア関係者は「あそこでのイベントは話題性も集客率も高い」と言う。Ｇｏｏｇｌｅマップでこのあたりを見ると、西円頓寺商店街と円頓寺本町商店街は地図上に名称がないが、円頓寺商店街だけはちゃんとその名がふられている。

アーケードに足を踏み入れぱっと見渡す限りでは、通りの両側に店が並ぶ、なんの変哲もない昭和的つくりの商店街だ。通りを少し行くと左手に商店街の名の由来となった長久山《ちょうきゅうさん》圓頓寺という寺がある（こちらは「えんどんじ」と読む）。アーケードの通りから、幾筋かの横道が延び、界隈《かいわい》が広がっている。安売りチェーン店があるわけでもスーパーマーケットがあるわけでもない。昔ながらの店は昔ながらの姿で、またそれに交じってところどころに新しい店がある。要は見た目にとりたてて変わったところがあるというわけではない、落ち着いた佇《たたず》まいである。

しかし、昼は昔からの店で買い物する人やランチの客が行き交い、夜はビジネスマンやクリエイター、自営業などさまざまな人が商店街やこの界隈の飲食店に集い、回遊する。また、週末は、ガイドブックや雑誌の記事を手にそぞろ歩く二〇代、三〇代のカップルや女性たちなどで賑わう。

なかでも、『パリ祭』と銘打った秋の祭りには毎年七〇以上の出店があり、混雑のあまり、歩きづらいほどの人出になる。

このパリ祭の賑わいと客層を見て、円頓寺商店街で個性的なイベントをやりたいというオファーが引きも切らない。週末に行われる各種のイベントがまたさらに人を集め、それをきっかけに円頓寺を知り、通うようになる人も増えている。

客層は実にさまざまだ。商店街の中ほどにある精肉店の前には、コロッケやメンチを買う客が列をつくり、斜め向かいの道具屋では外国人の客が楽しそうに湯呑《ゆの》みやけん玉を選んでいる。精肉店の隣のカフェでは外国人と日本人がコーヒーを飲みながら思い思いに過ごしている。

界隈にはここにしかないような個性的で感度の高い店が点在し、自分も店を出したいと熱望する若い人が増え、家賃はここ数年どんどん値上がりしている。

名古屋駅前のようにキラキラと輝いているわけではないが、商店街が持つ楽しさの空気がここにはある。この街ならではの面白さと、そこに集まる人々の活気がある。

円頓寺商店街は明らかにいきいきと「生きている」。

今、日本中の商店街が、疲弊し、事実上、緩慢な死の途上にある。とくにかつてはその地域の商売をほぼ独占し賑わっていた市街中心部の商店街ほど、その衰退ぶりは激しい。人々が郊外に住むようになり、郊外の大型スーパーやターミナル駅のショッピングビルに客をとられるという環境変化の打撃が大きいからである。

それでもなんとか活性化しようと、どの商店街も悩み、東京のコンサルティング会社に指南を依頼したり、自治体の補助金を投入したり、だが、結局は求心力を取り戻せずにシャッター街と化している。

円頓寺商店街も数年前までは、そうした多くの商店街と同様、閉店が次々と続き、確実に衰退しつつある商店街だった。

では、円頓寺商店街が「甦《よみがえ》った」のは、いったいなぜなのだろうか？

そこには、ひとりの建築家の存在があった。

「彼」はこの商店街の出身でもなければ、商店街から相談を受けたコンサルタントでもない。ある日、円頓寺でひとりのおばあちゃんと出会い、円頓寺が好きになって通ってきた人間である。

しかし、いつの間にか、「彼」の活動とともに円頓寺は息を吹き返していった。そして今や、数多《あまた》の店舗が揃《そろ》う名古屋駅が近くにあるにもかかわらず、わざわざ足を延ばして食事や買い物を楽しもうと人々が集う。それどころか、海外からも旅行者がやってくる吸引力ある商店街へと生まれ変わったのである。

「彼」がやったこととは何だったのだろう。

◉目次

第二章　空き家はいかにして話題の店に変身したか

第三章　祭りとアーケード、ふたつの挑戦が街を変えた

円頓寺商店街界隈
名古屋高速6号清須線
名古屋城
地下鉄名城線
名鉄瀬戸線
名古屋市役所
愛知県庁
名古屋高速1号楠線
東海道新幹線
名古屋高速都心環状線
地下鉄桜通線
栄
テレビ塔
名古屋駅
地下鉄東山線
堀川
白川公園

第一章　過去の栄光が目を曇らせる

負けず嫌いの建築家

建築家の市原正人は、子供のときから商店街が好きだった。名古屋市の三大商店街のひとつである大曽根《おおぞね》商店街の近くで生まれ、アーケードの通りから路地裏まで駆け回って育った。

建築家ではあるが、気難しい雰囲気はまったくない。いつも少し微笑《ほほえ》んでいて、口調は優しい。

この市原こそが円頓寺商店街を甦らせた立て役者だ。

市原が生まれたのは昭和三六（一九六一）年。ちなみに大曽根商店街はこの頃は賑わっていたものの、現在はアーケードもなく、名古屋駅前の西円頓寺商店街同様、もはや商店街には見えない。再開発を行ったことが裏目に出て、ほぼ息の根が止まってしまったのだ。今では、商店街再生の失敗例として語られる。

市原は負けず嫌いで、小学校、中学校では野球に没頭した。勉強もできた。周囲も、のちにプロ野球選手になった友人もいるぐらい野球が上手《うま》く、勉強もできる仲間ばかりだった。そんな同級生たちに負けず嫌いの性分が刺激された。そして頑張りすぎた結果、中学で「燃え尽きて」しまった。進学を考えるときには、高校ではのんびりしたい、という気分になっていたのである。

そこで家からいちばん近い工業高校に進学することにした。市原の兄は写真家で、自宅に写真集やデザインの本があった。ぱらぱらと本をめくりながらデザイン科にしようかな、と思った。しかし入学試験にデッサンがあることを知り、今さら勉強をするのは面倒くさいと、建築科に希望を変えた。建築科はふつうの試験科目だけだったのである。高校には入学したものの、勉強に身を入れず、予定どおり「のんびり」して、成績は見るかげもなくなった。

力を入れたのは、人付き合いと遊ぶことだった。初対面の相手との口約束でもその約束を破らないのが、市原だった。なにかに誘われたとき、「行けたら行くね」という答えは、大半は「行かない」ということだ。しかし、同じような答えをしても市原は必ず行った。行くと逆に驚かれ、「ほんとに来たんだ」と言われた。同時に、あいつは言ったことはちゃんと守る人間だ、という評判もついてきた。

高校三年になり、卒業後を考える時期になった。親から「男はいったん社会に出たら死ぬまで働かなかん」と言われていたので、もうちょっとのんびりする猶予がほしいと、「大学へ行こかな」と口にしたが、「その話は三年前に終わっとる」と一蹴《いっしゅう》された。

それでも、なんとか猶予をつくれないか、と考える。思いついたのは、成績がトップの者しか入れない設計事務所を希望することだった。ひょっとしたら就職できず、「猶予」ができるのではないかと考えたのである。

そこで三年生の終わりになって「建築設計に興味があります」と手を挙げた。すると、意外な展開で担任の教師が、設計事務所を探してきてくれた。

その教師には二年生のときに一度呼ばれたことがあった。あまりに試験ごとに成績の差がある市原を指導しようと思ったらしい。

「おまえ、なんでこんなにできる時とひどい時があるんだ?」と問われて、市原は「気分じゃないですか」と高校生らしい答えを返した。教師は「ということは、その気になったら頑張れるんだな? 結果を出せるんだな? だったら、その気になってひとつ次の試験を頑張ってみてくれ」と言う。

市原は思わず「じゃあ、やってみます」と答えてしまった。思わずとはいえ言ったことは守るのが市原だ。次の学期、約束どおり成績を上げてみせた。

その教師は伝手《つて》のある設計事務所に行き、「根性だけはあるやつですから」を連呼してくれたらしい。連呼のおかげの合格だった。

市原は「こうなったら、根性を見せなかん」と、とにかくがむしゃらに働いた。

そこは四人だけの小さな設計事務所だったが、時代はバブル直前でもあり、全国に現場があった。マンション、プラント工場、自動車のショールーム、病院、店舗、さまざまな建物を手掛けていた。先輩は忙しくて新人を手取り足取り指導する暇などない。市原は、自分で考えながらクライアントと打ち合わせをし、図面を描いて、役所への届け出、施工業者とのやりとりまで、ひとりでやらざるを得なかった。そのなかで高校生時代と変わらなかったのは、約束を守ることを大事に、人と付き合うことだった。

バブル崩壊が始まる前年の平成二（一九九〇）年、市原は独立した。前の設計事務所の給料はずいぶんと安かったので、自分ひとり食べていくぐらいは稼げるだろうというつもりで独立した。ありがたいことに、友人、知人がさまざまな店舗や住宅の設計の注文を紹介してくれた。

しかし、その当時困ったのは一億円以下の案件を請け負ってくれる施行業者がなかななか見つからないことだった。手掛けたい物件はそこにあるのに、つくることができない。だから、当時施工を引き受けてくれた会社とは、のちに不況で建築業界が厳しくなっても付き合いを続けた。

独立したばかりの二九歳の市原に注文や紹介が引きも切らずあったのはなぜだろう。一般の人にとって設計や建築の技術力はよくわからないし、実績はと言えば設計事務所の若手社員として担当した案件だけである。思い当たるのはやはり、それまでの人付き合いや仕事ぶりの誠実さだけだ。

市原はとくに愛想が良いわけでも、サービス精神が旺盛というわけでもない。ただ穏やかで、常にフラットなのだ。人は自分と相手の関係を無意識に測って、あるときは丁寧になったり、あるときは上から対したりしがちだ。しかし、市原は相手がクライアントでも、喫茶店で初めて会った隣の席の人でも、態度を変えることがない。へりくだりもしなければ、気取りもない。話し方も正直でてらいがない。「よし！　請け合った！」という高いテンションはないが、それでいて、約束は守る。この市原の人柄が、のちに円頓寺商店街を徐々に変えていく原動力になっていく。

お師匠さんに教えられた街

市原が建築家として独立して、フル回転で働いていた平成八（一九九六）年。三〇代半ばになった市原の設計事務所ＤＥＲＯ（デロ）は、毎年のようにスタッフが増え、案件も全国にわたっていた。とにかく毎日睡眠時間を削って仕事にいそしんだ。

そんなときたまたま、円頓寺商店街界隈の古民家改修の仕事を手掛けることになった。工事が始まると、ひとりのおばあちゃんがやって来て、朝と昼に現場の人たちにお茶を出してくれた。

施主でも何でもない近所の人だった。むかしはこの界隈にあった花街の芸妓《げいぎ》だったという。年を取って家で三味線と長唄を教えていた。

古民家改修が終わった日、おばあちゃんが市原のところにやってきてこうささやいた。

「あんた、これだけ長くここにいたんだから、このあとは三味線やりに来るだろ？　三味線と長唄やるよね？」

市原は高校生のときと同様、思わず「うん、じゃあ来るよ」と言っていた。三味線と長唄に多少の興味もあった。興味を感じたことは、やれるかどうかを悩まずに、躊躇《ちゅうちょ》せずやろうと思った。その日から、お茶を出してくれていたおばあちゃんは市原の師匠となったのである。

お師匠さんはなかなかの女性だった。もと芸妓だけあって、三味線、長唄はもちろん達者だったが、きっぷがよく竹を割ったような人柄も魅力的だった。七〇歳を過ぎていたが、お稽古のときは三味線を弾くのに、なぜかいつも赤いミニスカートをはいていた。

「お師匠さん、パンツ見えとるよ」と言うと、「見んでよし」。市原は「見えんやつ、はけよ」と思ったが、お師匠さんは「これが好きだから」と、いつも赤いミニスカートだった。赤いミニスカで稽古をつけ、終わると赤い自転車に乗って、「さて昼ごはん、うどん屋さん行くよ」と市原たち弟子を円頓寺商店街の店に連れていった。うどん屋だけでなく、ときにはレトロな喫茶店『西アサヒ』で名物のタマゴサンドを食べたり、イチゴを牛乳のなかでぐちゃぐちゃに潰したイチゴミルクを飲んだりした。お師匠さんに連れられていろんな店に行くうちに、ただ食事するだけでなく、店の人や居合わせた人とも話をするようになった。お師匠さんが住む街は、いつの間にか、市原にとってもどこか親しさを感じる街になっていた。

お師匠さんには、市原を含め、男性の弟子が三人いた。市原がお師匠さんに教わる三味線と長唄の楽しさを語るのを聞いて、「俺も習いたい」という友人がさらに二人加わった。赤いミニスカのお師匠さんは友人たちをも魅了し、ひとりなどは「俺、お師匠さんのこと抱けるもん」と豪語していたぐらいだ。

お師匠さんは「男弟子五人を舞台に立たせたいね、それが私の夢」とたびたび語るようになった。

市原たちは、夢を実現してあげようと稽古を続け、とうとう愛知県の芸術文化センターの大ホールでの舞台が決まったその矢先、お師匠さんは稽古中に突然倒れた。末期の癌《がん》だった。

病床のお師匠さんは「あんたたち、せっかくだから舞台に出なさい」と何度も言う。しかし、「僕らはあんたのために頑張ってきたんだ。お師匠さんが後見につけんっていうなら、出てもしかたない。銭ももったいない。来年出ることにして稽古するよ」と舞台を見送った。しかし、お師匠さんは結局、二度と稽古をつけることなく、帰らぬ人となる。

市原が稽古のために円頓寺商店街に来ることはなくなった。一抹の寂しさはあったが、仕事に追われる日々のなかでしばらく商店街から足が遠のいた。

誰に頼まれたわけでもなく

お師匠さんが案内してくれた円頓寺界隈を、このまま去れないような気持ちが徐々に募っていたある日、夕方早めに仕事を切り上げた市原は、円頓寺商店街にひとり足を向けた。アーケードの入り口に立ち、お師匠さんがいなくなった円頓寺商店街を、初めて来た場所のように眺めた。灯りは乏しく、人通りもない。野良猫の影さえなかった。円頓寺商店街はあまりにひっそりとしていた。本来なら商店街は夕方から夜にかけていちばん賑わうべきときだ。しかし、アーケードの通りに足を踏み入れるだけで、こちらまで寂しい、暗い気持ちになってしまった。

「せっかく来たんだから、食事して一杯だけ飲んで帰ろう」

市原は商店街の端っこの奥まったところにある洋食店『勝利亭』の扉を開けた。

すると、店は予想に反して満席だった。奥から「すみません、いっぱいで」と店主の声。客は、ビールを飲みながら満足そうにポークカツやハンバーグを食べている。

市原は「失礼～」と頭を下げて、近くの鉄板焼き『日喜屋《ひよし》』へ。しかしここもまた超満員だった。焼酎やビールを飲みながら、どのテーブルでもお客がアツアツの鉄板焼きやどて焼きをワイワイ言いながら食べていた。人通りはないのに、店は人でいっぱいだった。

その日は結局、そのまま帰宅した。

「衝撃だったし、なんとも整理がつかんかった」と市原は言う。

「だって、通りに人がおらんのに、店の扉を開けるとそこには客がようさんおるんですよ。でも、とにかく暗い気持ちは消え去っていました。お師匠さんに教えてもらったこの街はやっぱり面白い街だったんだと嬉しくなった。円頓寺はシャッター街だと言われとったけど、店にはファンがついとった。それは店や店の主人に魅力があるからなんです。だからこそ、僕自身もこの街を去りがたかったのだと気づきました。

だったら、この面白さを、ほかの人間にも伝えていきたい、という思いがふつふつと湧いてきたんです。そしてそのころ、店がまた少しずつなくなっていっているようだったので、これ以上、お店がなくならんようにしたい、せめて何とか今のこの状態を残したいとも思いました」

今満席の店に加えて、繁盛する店を増やせばいい。そうしたら円頓寺商店街に人がもっと戻ってくるはずだ。

その日から、市原はなるべく仕事を早く切り上げるようにした。誰に頼まれたわけでもない商店街再生プランを練るために、再び円頓寺に通うことにしたのである。

「清洲越し」で生まれた街

ここで円頓寺商店街がそもそもどんな商店街なのかを紹介しておこう。

歴史は江戸時代までさかのぼる。ここは、かの「清洲越し《きよすご》」で生まれた街だ。尾張国《おわり》（現・愛知県）の中心は、そもそも清洲城とその城下町だった。しかし関ヶ原の戦い以降、大坂（大阪）の豊臣氏に睨《にら》みをきかすため、また、清洲城が天正《てんしょう》地震によって地盤が不安定になったため、徳川家康が慶長《けいちょう》一四（一六〇九）年、新たに城と都市の造成を命じた。それが現在の名古屋の都市としての始まりと言える。清洲越しにより、家臣、町人のみならず、神社・仏閣、清洲城下の町家約二七〇〇戸のほとんどが名古屋城下に移転してきた。

城下は碁盤割りの町となり、城に物資を運ぶための運河、堀川がつくられた。

堀川の造成や、蔵や家を建てる職人たちに食事を出す屋台が堀川沿いに出現したのが、円頓寺商店街の始まりと言われる。

またここは、承応《じょうおう》三（一六五四）年に創建された長久山圓頓寺の門前町でもあった。圓頓寺には、名古屋見物にきた松尾芭蕉も逗留《とうりゅう》した。

清洲越し以降、堀川周辺、現在「四間道《しけみち》」と呼ばれるあたりは名古屋城への物資供給の拠点となり、蔵が立ち並ぶ。堀川にかかる五条橋が丸の内と円頓寺界隈を結び、船乗りや川運に携わる労働者の集まったところへ、衣食住を提供する商売が始まり、彼らをもてなす花街もできた。

近くには市場も開かれ、城下町名古屋の活気ある下町として栄えたのである。

その後、明治時代には商店街として整備が進み、現在のアーケードの通りの両側にさまざまな店が並ぶようになる。その数は五〇軒を超えていたと記録にはある。

さらには窯業がさかんな瀬戸町（現・瀬戸市）から、瀬戸物を出荷するために現在の名鉄瀬戸線の前身、瀬戸電気鉄道が明治四四（一九一一）年に瀬戸と大曽根を結ぶ。円頓寺近くに駅ができたため、瀬戸と行き来する人が円頓寺にもやってくるようになった。また、一時は全国で最大規模だった新道《しんみち》・明道町《めいどう》の菓子問屋街が賑わいを添え、円頓寺商店街だけでなく、この周辺一帯が、円頓寺界隈として一大商業地になっていったのである。

現在は、アーケードのある円頓寺商店街に加え、そこから延びる路地、江戸時代からの建物が残る四間道のエリアが「円頓寺界隈」とされている。

ストリップ劇場のあるところ

商店街には、現在も明治時代から続く老舗《しにせ》が数軒ある。たとえば市原が入ろうとして満席だった洋食店『勝利亭』は、日露戦争のあと、戦勝にちなんでこの名で開業した店だ。

円頓寺商店街がどのように変わっていったのか、老舗の人々に訊いてみよう。

下駄《げた》の専門店『はきものの野田仙』も明治から続く老舗だ。現在店主である高木麻里さんは、この一〇年、円頓寺商店街振興組合の理事長も務めている。スポーティななかに和のスパイスが効いたファッションがおしゃれな女性だ。円頓寺の歴史を整理しなおし、冊子『円頓寺商店街のあゆみ』をまとめた人でもある。

高木さんは商店街についてこう語る。

「昭和、それも戦前までは、記録を見ると、日常の必要品を買う場所というより、楽しみのある場所、少しハレな場所だったようです。古い写真や年譜を盛り込んで冊子をまとめる際に、各年代の商店街にどんな店がどう並んでいたかをあらためて調べました。

戦前の商店街図の店名を見ていると、当時ではモダンな場所だったのかなと思います。たとえば『モスリン　マル平』とか、これは洋服屋さんだったんでしょうね。『ショール　サクラヤ』もちょっとカッコいいでしょう？　帽子の専門店もあるし、今も続いている『化粧品のフジタ』さんなど、おしゃれに関わる店が多いんです。飲食店では、砂糖菓子屋、甘酒屋、餅菓子喫茶なんていうのもあります。『開慶座』という寄席もありました」

第二次世界大戦では名古屋も空襲に見舞われ、名古屋城の天守閣も燃え落ちた。円頓寺商店街も戦災にあったが、四間道周辺には戦火をまぬかれた蔵や町家が残った。戦後は映画館も三軒でき、日常の買い物をする商店街というより、楽しみのために人が集まる歓楽街の様相はさらに濃くなった。

「新幹線が通るまで、今の名古屋駅のあたりは名古屋の中心ではまったくなかったんです。名古屋城から近くて、堀川と瀬戸線の駅があるこの周辺が賑わっていました。近くにお菓子問屋街ができ、そこの人たちが出勤前に昼ごはんを買っていくので、朝早くから開ける店も増えたといいますから、栄える一方だったようですね」

昭和三〇年代までは戦災以外には何の翳《かげ》りもない状況だったのだろう。当時の店主は店の仕事は家族と従業員にまかせて、自分は組合の会合に出たりすることが「役割」だったという。

昭和三九（一九六四）年の新幹線開通とともに名古屋駅に百貨店や駅ビルができたころから、円頓寺商店街にも、そこはかとない危機感が出てきたらしい。それで登場したのが、雨の日も傘をささずに買い物ができるアーケードだ。このときは、まだ各店に余裕があり、商店街振興組合の加盟店が金を出しあった。景気のよいときは意見の対立も少ないのか、比較的短期間でできたという。

昭和四〇年代に入っても円頓寺商店街にはまだ活気があった。かつて寄席だった開慶座が、『カイケイ座』と表記を変えて、ストリップ劇場になったり、パチンコ店が登場したりしたが、それも円頓寺に客が集まって賑わっていた証左だろう。

高木さんは懐かしそうに言った。

「私は新幹線が開通した昭和三九年生まれですが、私がちっちゃいころ、とにかく円頓寺は賑やかでした。カイケイ座は名古屋では男の人ならみんな知っているストリップ劇場で、円頓寺商店街に住んでいると言うと、『あー、カイケイ座があるところ』と言われたぐらい。うちの隣も、今は月極駐車場ですが、そのころは釣り堀で、よく遊んでいました。それから、リモコンカーを走らせる小さなサーキットみたいなところがありました。

商店街に来た人たちが、そういった場所で楽しんでいた様子が子供心に印象的でした。だからか、私のなかでは、商店街は買い物したり食事したりするだけでなく、遊べるところという感覚があります。いろんな人が一日楽しく遊べるところ、それが円頓寺で育った私の商店街像です」

地の利消失と消費スタイルの変化

高度経済成長期のまっただ中であった昭和五〇年代を迎えて、世の中の景気とは逆に、商店街は少しずつ集客力を失っていく。

昭和四四（一九六九）年の商店街の写真には「円頓寺　駅とお城を結ぶ街」という垂れ幕が下がっているが、昭和四九（一九七四）年に路面電車が全廃された。翌々年の昭和五一（一九七六）年には名古屋鉄道瀬戸線の東大手〜堀川の路線が廃止され、堀川駅がなくなった。いちばん近い駅は、歩いて一五分離れた名古屋駅になった。

円頓寺商店街を繁栄させた「地の利」は失われてしまったのである。

こうしたインフラの変容は、全国の弱ってしまった商店街が多かれ少なかれ経験した環境変化だろう。

消費者の買い物のスタイルが変わってきたことも同様だ。

「スーパーマーケットで買い物するスタイルが一般的になってから、店の人と話しながら買い物をする、ということが急速に減りましたよね。お客さんはなるべく話さずに欲しいものを選びたい、ということになってきて、そうなると、それまで会話で商品をお勧めするのを得意にしていた商店の人が、そこは必要とされていないんだということで商売のやり方にも自信や誇りを持てなくなってしまいました」と高木さんは言う。

各店舗の売り上げも確実に下降線をたどり、名古屋の一大風物詩にもなっていた毎年の七夕まつりでさえ、人出が少なくなってきていた。ストリップ劇場や釣り堀も姿を消し、商店街は「一日遊べるところ」ではなくなってしまった。

後継者なくシャッター街に

さらに、昭和六〇年代になると、客だけでなく、円頓寺商店街から店が減り始めた。後継ぎがなく、閉店する店が出てきたのだ。

「私が生まれたころ、商店街が賑やかだったときの店主というのは自分たちの親世代ですね。そういう人たちの子供である私の代は店を継がずに、大学に進学したり就職したりで、家を離れていきました。私自身もそうでした。

親としては売り上げも落ちてきているし、商店街の様子を見ているとこれからますます厳しくなるかもしれない。さらには、今までの商店の仕事の仕方に誇りも持てなくなっている。だったら、子供には別な道を、ということになります。

そして、親はそのまま年をとっていく。たいてい、店の二階が住まいにもなってい て、商売をやりながら住んでいるので、商売をやれなくなるとそのまま、ただ、家にな る。それは決して悪いことではないと思っています。住んでいる人が生涯住み続けたい と思える環境というのはとても大切だと思うので。でも、一階はシャッターを閉めたま ま、ということになるわけです」

高木さん自身もはじめは『はきものの野田仙』を継ぐつもりはなかった。グラフィッ クデザイナーとして繁華街・栄《さかえ》に近い高岳《たかおか》に事務所を持ち、住まいも円頓寺を離れ た。しかし、野田仙を経営していた両親が年をとって体調を崩すようになったので実家 に戻り、四間道の町家で『月ののうさ』という木や布の雑貨を販売する友人とオフィ スをシェアしてデザインの仕事を続けながら、仕入れや帳簿つけなど両親の手助けをし ていた。

あるとき、若い人たちと話していて下駄に鼻緒をつける「すげる」という言葉を知ら ないことに驚いた。そして「下駄って痛いんでしょう?」とも言われた。下駄があまり に馴染《なじ》みのないものになっていることが残念で、店は継げないけれど、下駄の魅力をう

昭和三一（一九五六）年、記念すべき第一回七夕まつり

まく伝えられないかと考えた。そこで洋服にも合う下駄をデザインし「野田仙久路里《くじり》」というブランドで店に置き始めた。下駄が話題になって店に客足が増えれば、街も潤うのではないかという夢もあった。

商店街振興組合の理事長を務めた父親は、自分の代で店を畳むつもりでいたが、やがて高木さんは店を継がせてほしいと申し出た。高木さんが野田仙を下駄中心に和の小物も取り揃えた店にリニューアルした平成二七（二〇一五）年、父親は亡くなった。

しかし商店街全体の流れは野田仙とは違っていた。後継者がなく閉じる店舗が年を追うにつれ増えた。昭和には五〇店舗以上あった円頓寺商店街の店は平成に入ってしばらくすると二三店舗にまで減ってしまっていた。円頓寺商店街の長さは二〇〇メートルほどだから、そこに片側一二店ほどしか開いていなければ、商店街としての機能も見た目も深刻な事態だったろう。市原が円頓寺に通い始めた平成一五（二〇〇三）年ごろがまさにその状態だった。シャッターを下ろした店と細々と商売を続ける古くからの店が交互に並ぶような商店街となっていたのである。

一日六〇〇個のコロッケを揚げて

円頓寺商店街のかつての栄光とその後の衰退を、間近に見てきた人がいる。

木俣和彦さん。商店街のほぼ真ん中にある『肉の丸小《まるこ》商会』の従業員だ。現在七五歳。もう六〇年も働いているので、店の顔でもあるし、円頓寺商店街の顔でもある。三世代にわたる付き合いの客も多く、名古屋を離れた人のなかには、出張で名古屋に来ると必ず顔を見に来て揚げたてのコロッケやメンチをたくさん買って帰る人もいる。木俣さんの人生を聞くと、円頓寺商店街でのかつての暮らしと時代につれての変貌がリアルに浮かび上がってくる。

木俣さんは昭和一七（一九四二）年、静岡の気賀《きが》（現・浜松市北区細江町）で生まれた。NHKの大河ドラマでおんな城主・直虎が開いた交易の町として描かれた町である。七人兄弟の三番目、本人いわく「わたしはいらん子」だった。実家の家業は下駄店。七人兄弟だったのでおのずと食べることには貪欲《どんよく》になり、中学を卒業して精肉店に勤めることになったのは、一五歳の木俣さんにとって嬉しいことだった。

「名古屋への集団就職は九州からが多かったね。私は静岡からひとりで来ました。昭和三二（一九五七）年です」

経済白書が「もはや戦後ではない」とうたった翌年である。名古屋〜栄町間に地下鉄第一号の工事が始まり、駅前にはホテルニューナゴヤもオープンして、名古屋駅がターミナル駅として体裁が整ったころだ。

「当時はとにかく通りはいつでも人でいっぱい。商店街とその界隈も入れれば、私の記憶では八〇店舗ぐらいありましたね。一軒一軒は小さい店でしたけど。どの店にも必ず住み込みの従業員が一人か二人はいたものです。私も住み込みでした。その時分、丸小には七人の住み込み従業員がいて、三人兄弟が店主だから一〇人で働いていました。それでも毎日忙しくて目が回るようでしたね」

朝六時半に店に出て、客が来る前にガラスケースに肉を並べる。瀬戸線に乗って明道町の菓子問屋に買い出しにやってくるおばちゃんたちが、肉も仕入れに来るからである。おばちゃんたちは七時にはやってきて、一〇〇グラムに小分けした豚肉や牛肉を一〇個、二〇個と買っていった。

木俣さんは勤めて半年ほどは家が恋しくて毎晩泣いていたが、やがて仕事を覚える忙しさに気持ちも紛れていった。なんといっても円頓寺は名古屋の〝名門商店街〟であり、丸小は上質の牛肉、とくに三河牛の、今でいうA4、A5ランクの肉だけを扱う店として有名だった。夜の「まかない」にはさまざまな肉料理が出て、一五歳の少年にとってここで働くのは誇らしかった。丸小では牛を一頭買いして店内で解体していたので、体重五五キロの木俣さんはその三倍もの重さの半身の牛を、南京袋に入れ背負って冷蔵庫に運んでいた。そして大量のタマネギやジャガイモの皮をむいて店名物のコロッケの準備をした。

昭和三〇年代には、多いときは一日六〇〇個以上のコロッケを揚げていたという。大きかったのは円頓寺と名古屋駅の間にたくさんあった旅館からの注文だった。

「新幹線がないころは出張に来た人も名古屋に一泊するでしょう。商人が泊まる宿もあるし、修学旅行生が泊まる旅館もあった。そうすると、ひとつの旅館から一〇〇個からの注文が来る。うちが付き合っていた旅館が六軒あったから。当時はコロッケが一個五円、串カツが一本一〇円」

もちろん店頭でもよく売れた。昼近くになって揚げ始めると、常に二〇人ぐらいは並んで待っていたという。コロッケだけではない、丸小では客の注文を受けてから肉を切ることもあり、一〇人でフル回転してもさばけない客が店頭にあふれ、連日二二時まで店を開けていた。

「そのころ、風呂は家にないから銭湯でしょう。一二時に店を閉めてから銭湯に行って、寮の部屋に戻ってばたっと寝て、また六時半に店に来るという繰り返しだったね。昼飯を座って食べる時間なんかないから、仕事しながら握り飯を頬《ほお》ばってね。店主から、『昼飯も仕事のうちだ』なんて言われて。でもとにかく活気があったね。うちの店だけでなく、商店街のほかの店もみんなそんなだったんじゃないかな。

とくに年末がいちばん忙しいんで、一二月二〇日から店に寝泊まりして、徹夜で働いてましたね。一日一〇〇〇人ぐらいのお客さんが来てた。もう、大晦日は大変な状況で、お正月は元日だけ休んで二日からまた営業。旅館からの注文もあるし、ほかにも取引先は二〇〇軒ぐらいあったし」

取引先とは、飲食店だけではない。このころは、たいていの商店で従業員は住み込みで働いていたから、店主が三食用意しなくてはならない。そこで電話で注文して肉を届けてもらう。商店街が賑わうほどに各店の従業員も増え、肉の注文もますます増えていったのである。

「花街もあったから、呉服屋も何軒かこの界隈にあったし、金物屋、文房具屋なんかでも二人、三人の従業員が住み込みで働いていたからねえ」

商店街の老舗で今も人気店の「肉の丸小商会」

その当時、精肉店がもう一軒、そしてアーケードの通りから横道に入ったところに鮮魚店二軒と八百屋二軒があったという。

「旅館はコロッケや肉だけじゃなく、いろんなものを仕入れているわけだから、旅館で潤っていたのはうちだけじゃなかった。だから旅館がなくなってきたころから、寂しくなってきたような気がするね」

新幹線で東京・大阪が結ばれたため、昭和四〇年代に入り、名古屋駅近くの旅館は徐々に減ってきた。さらに昭和五〇年代になると、夕食を提供しないビジネスホテルが旅館にとって代わるようになる。この現象も、日本の大きな駅周辺の商店街に同様に降りかかった変化だったのではないだろうか。

「商店街も年をとったんやなあ」

「昭和五一（一九七六）年に瀬戸線の東大手〜堀川間が廃止されると、おばちゃんたちが買い出しに来なくなりました。菓子問屋もどんどん減っていきましたしね。

それに、店に住み込みの従業員がいなくなったのもこのころからじゃなかったかなあ。昭和三〇年代、四〇年代には子供もたくさんいて、毎年商店街で日帰りのバスツアーなんかやっとったんですよ。何台もバス連ねてね。楽しかったですよ。それだけに賑わいがなくなってきたときは寂しかったなあ」

木俣さんは話を続ける。

「うちは商店街に元気がなくなってからもまあまあ客足は絶えなかった。お客さんからよく『変わらず繁盛してるのは、丸小さんだけだね』なんて言われて、それも寂しかったね。私は経営者じゃないから、儲かってるかどうかより、そんなふうに言われるようになっちゃったことがショックだった。もうバブルちょっと前ぐらいになったら、世の中は景気がいい、いいと言っているのに、目の前の通りはどんどん寂しくなるばかり。商店街には老人ばっかりで、若い人が歩いてたり、子供が走る姿を見なくなった。自分も商店街も年とったんやなあと思いました」

木俣さんは一〇年前に、長年肉を担いで痛めた首と腰の大手術をしてから、肉をさばくだけの力が手に入らなくなってしまった。一時はそれで引退しようと思ったが、長い間仕えた先代の息子に請われて今も店に立っている。

肉を並べたカウンター越しに料理に合う肉の選び方をアドバイスしたり、コロッケを揚げたり、円頓寺の古き良き時代をにこにこしながら体現している。

街から人が去る寂しさ

円頓寺商店街に入ってすぐ左手にある『化粧品のフジタ』も円頓寺商店街を代表する老舗のひとつである。

大正二（一九一三）年に『フジタ勉強堂』として創業。フジタ美身クリームやフジタ石鹼《せっけん》など、アールヌーボー調のおしゃれなパッケージのオリジナル化粧品を販売し、対面で化粧のアドバイスをしながら今でいうエステティックなども行う店として、大正モガに人気の店だった。

今は店主の藤田和子さん（六六歳）が、夫が亡くなったあと、娘と一緒に店を切り回している。話を聞きに立ち寄ったときも、高齢の常連さんに親身に化粧品のアドバイスをしているところだった。化粧品の効能の説明だけではなく、常連さんの最近の暮らしぶりにも気遣いながらの接客。百貨店の化粧品売り場のカウンターとは違う趣である。

和子さんが三重からお嫁に来たのが昭和四七（一九七二）年。市電が走っていて、なんて明るいところなのだろうと思ったことが忘れられない。店の前に立って思わず「まあ、きれいな商店街！」と声を上げたと言う。

和子さんの娘のまやさん（三六歳）の子供のころの記憶は、通りに出れば、周囲の店の人や行き交うお客さんがいつも声をかけて可愛がってくれたこと。家の外にも家族がいるようなものだった。商店街の人たちに育てられた、という実感がある。

それと、今も行われている七夕まつりにたくさんの人出があり、きらびやかだったこと。

平成に入ると店を閉め、転居する人が増えてきた。自分を可愛がってくれていた人たちが店をやめて引っ越してしまうと寂しく、店の跡を見ては取り残されたような気持ちになった。

自分が育った円頓寺商店街をなんとか元気にしたい、それにはどうしたらいいだろうという気持ちが、まやさんのなかに育っていった。

先祖への懺悔

交通事情の変化に伴う人の流れの減少、時代に伴う消費生活の変化が、円頓寺から客を減らし、店を減らしていった、その状況に、商店主たちももちろん手をこまねいていたわけではない。その流れを止めようと、さまざまな工夫を凝らした。『松川屋道具店』のご主人、斉木弘さんもそのひとりである。現在七八歳。

松川屋の初代は明治時代に尾張から出てきて、伝馬町（現・中区錦）で和菓子の製造業をやっていたが、戦災で店が焼失し、戦後に円頓寺で骨董《こっとう》品店として再出発した。二代目には子供がいなかったため、親戚であった弘さんは養子として斉木家にやってきた。昭和三一（一九五六）年、多感な一六歳だった。

斉木さんが店を継いだのは約一〇年後の昭和四二（一九六七）年だった。記憶では、円頓寺商店街はすでに盛りを過ぎた商店街になっていたという。

「やはり名古屋は戦災で街がかなり焼失して、終戦後は娯楽がなかったし、買い物する場所もなかったんですわ。私が円頓寺に来た昭和三一年は、まだまだ楽しみの選択肢がなかった時代で、だから映画館やら劇場がある円頓寺商店街に人が集まっていたんです。商店街であり、盛り場だったんだね。でも、駅前に百貨店ができたり、あちこちに映画館ができたり、ほかにも盛り場ができたら、苦しくなってしまった」

松川屋には、大層な骨董というよりも、生活のなかにある古道具や急須、おちょこ、碗《わん》のような小物が並び、ちょっとした和風ワンダーランドである。箸置きを並べ直しながら、斉木さんは続ける。

「歴史があるというのは素晴らしいことだけど、反面、過去の栄光があると目先が曇るんですわ。商売を続けようと思ったら、それはあなた、生きた的を射なくてはいけないのだから、過去はこうだった、と言っていつまでも同じことをしていてはいけないし、スタイルも変えなくちゃならない。だけど、私も商店街もなかなかそのことに気づけなかったね。

ゆったり流れていたはずのせせらぎが少しずつ速くなって、気がついたら急流になったった。すごいスピードの変化です。そうして、あの店も、またこの店も、となくなっていった。聞くたびにがっかりしたけれど、もうそれは仕方のないことだった。

でも、私は商売やめてほかに行くわけにはいかなかったですわ。よそからここの子になって、店を継がせてくれた先代に『絶対に商売を続ける』と約束したもんだから、とにかく、商売を続ける、店は閉められない。尾張から出てきて艱難辛苦《かんなんしんく》して松川屋をつくった初代の苦労話を毎朝思い出しては、『こんな体たらくで申し訳ない』と懺悔《ざんげ》していました」

〝旦那さん〟では店がだめになる

商店街の翳りがはっきりしてきた昭和六三（一九八八）年、斉木さんは兵庫県・赤穂に旅行したときに、ボランティアガイドに街を案内してもらって「そうだ、これだ！」と思った。円頓寺には歴史もあるし、四間道には戦災をまぬかれた蔵や町家もある。懐かしい下町の風情もある。それに松川屋は和道具店である。自分がボランティアで円頓寺のガイドツアーをして円頓寺界隈を盛り上げようと考えた。

「ボランティアだけど、もちろんボランティアだけじゃあない。商売人だからちゃんと下心はある（笑）。四五分間のツアーで円頓寺界隈を案内したあと、最後の解散はうちの店。よかったら、何か買って帰ってほしいな、と。小学校の子供たちの社会科のガイドなどもしてね。そうしたら、だんだん話題になって地元新聞社が取材に来たりもしました」

さらに、バブル経済を迎えた名古屋には海外からの旅行者も増えてきていた。円頓寺は名古屋城まで二キロほど、古い街並みがあるので、外国人を商店街で見かけることも増えてきた。斉木さんは日本人だけに売ろうとしてもだめだ、この外国人たちにアピールしようと考えた。さっそく、店の前に手書きで「Welcome! Please come in and take a look!」（いらっしゃいませ！　ぜひ入って見ていってください！）と書いた看板を置き、外国人が興味を持ちそうな品には英語の説明をつけた。そして名古屋国際センターに行って、英語の通訳をしてくれるボランティアを探した。

「通訳してくれる人と二人で、外国人向けに円頓寺を案内するツアーも始めました。そのころの外国人は欧米の人が多かったけど、ほんとうに喜んでくれてね。いろんな出会いがあって楽しかった。帰りには気に入ったものを買ってくれました」

商店街での新しい取り組みとしてテレビにも取り上げられた。

「しかしね、売り上げとしたら、大したことないんですよ。多少は違うけど、流れは変えられなかった……」

数年続けたが、やはり店も商店街の状況も目に見えて好転することはなかった。

「そして、いよいよ、『店はこのままではあぶない』と家の者から宣言されることになってしまってね。世の中、結果が大切。私は結果を出すことができなかった。無力感を覚えたね。

そこで五五歳にして会社勤めをすることになりました。なんとしても店は存続させなくてはいかんと思っていたから、平日は家の者に店番をしてもらって、土日に店の仕事をしました。でも、おかげで大事なことがわかったんですよ。ありがたいことに」

それが「過去の栄光が目を曇らせる」ということだった。

「やはりね、歴史があるとか、かつては栄えていた、と思うとプライドができちゃうでしょう。でもなんで商店街が栄えていたかというと、その当時は競争相手がなかった時代だからなんだ。

会社に勤めてみて、『要求されることに間に合う仕事』をしてこそ、お金をいただけるんだということがわかったんですよ。今を生きるということは『今の時代に間に合う仕事』をせにゃいかん。お客さんや時代が求めることはどんどん変わっていく。商店街の商売も時代に間に合う仕事になっていなけりゃだめだったんだ、ってね」

店番をしてくれたのは奥さんだけではない。むくちゃんという猫も店先で看板猫となってくれた。賢く、人好きな猫で人気になり、写真家の岩合光昭氏が撮影に来たほどだ。斉木さんが岩合氏の写真集を持ってきて、むくちゃんのページを見せてくれた。商店街のアーケードからハローキティの人形が下がっていて、椅子に座ったむくちゃんがキティを眺めているというユーモラスな写真だ。むくちゃんはムクムクしてなんとも可愛いが、残念なことにそこに写ったアーケードには誰も歩いておらず、がらんとしている。商店街としてはかなり寂しさを感じさせる写真である。むくちゃんは二一年も生きたのに、斉木さんは「店先に座らせたことは、猫にとってかわいそうなことで、寿命を縮めたんではないかと申し訳なく思ってね」と言う。つくづく物事を考える人である。

ただ、斉木さんは、重い内容の話をするときもにこにこしている。

「結局会社に七〇歳までいて、一五年間会社員をしました。その間給料をもらえたこと以外にも、ほんとにその経験に感謝しとるんですよ。だって、もしずっと円頓寺にいて店に座ってたら、〝旦那さん〟になってしまっていただろうと思う。今みたいな時代に、旦那さんになってたら、店も商店街もだめになるに決まっとるでしょう」

第二章　空き家はいかにして話題の店に変身したか

「よそ者」から「街の常連」へ

建築家の市原正人は、仕事を終えると、酒を飲みに円頓寺商店街に出かけていくようになった。通りに人は歩いていないのに、店にはいっぱい人がいるという光景を目の当たりにして、なんでこんなに人を集めているのかを考えようと思ったのである。

平成一五（二〇〇三）年のころ、市原の設計事務所は多忙を極めていた。二〇〇〇年ごろからカリスマ美容師ブームが始まり、美容院がおしゃれの発信地となっていたが、市原は全国の美容院のハード面のコンサルティングをやっていた。美容院以外にも、病院や飲食店などを手掛け、目が回るほどの忙しさだった。スタッフも七人となり、気づけば若いときに働いた設計事務所より規模が大きくなっていた。それでも、少なくとも週に一回、多いときは毎晩、市原は円頓寺に足を運んだ。

「店を訪ね歩いているうちに、この界隈のちょっとさびれた感じが場所に合っていて、その〝ダメな部分〟も含めて愛《いと》しいな、と感じるようになったんです。それに、一軒一軒入ってみると、酒や料理の味という商品だけでなく、お店の人たちにすごく魅力を感じて」

商店街とは、商店だけが存在しているのではなく、下町の一部として人が営みを続けている場であることもよくわかった。長くここで商売を続けている店が多いことにも気づいた。

名古屋駅から二キロ足らずの場所にこういう街があるのは奇跡のようなものではないか。人を集め続ける力を持った店がひっそりと残っているのだ。しかし、そうした店まで閉まり始めたら、もう終わりになることは目に見えている。

終わらないうちに、この場所の面白さを、みんなに伝えたいと心から思った。この場所に友達を呼びたいと思った。

そして、できるだけこれらの店が残っていくといいなと思った。

そこで市原は、一〇人ほどの建築家仲間を誘い、円頓寺商店街界隈を盛り上げようというプロジェクトを組んだ。

プロジェクトといっても、大層な内容ではない。街の人となるべく関わってみようというものだ。たとえば、円頓寺商店街の名物である七夕まつりを手伝ってみる。もっと単純に、週に何回か飲みに行く。そうやって、いわゆる「よそ者」だけれども「なんかこのごろよく顔を見るよね」と言われる〝街の常連〟になろうという活動だった。

もちろんそれだけで店や商店街が変わるといった結果にはならなかったが、少しずつ顔見知りが増えたり、ちょっとしたことを頼まれるというコミュニケーションの変化は起きていた。地道な活動を続けていたこの期間が、実は大事だったと市原は言う。

「なんとなく関わって、どういう街なのかを知る期間になりましたね」

なんとなく、と言いながらも市原の熱量は高かった。この時期、仕事の忙しさは最高潮で、週に一度はクライアントにプレゼンテーションをして、現場は全国にあったが、円頓寺に来るために仕事をやりくりしていたのだ。

「一時間だけプレゼンの時間をください、とクライアントにお願いするんですが、実は一時間以上とれないのはこっちの事情。一時間で切り上げないと七夕まつりの準備に参加できないから」

千葉県のプレゼン先から飛んで帰って、夕方には七夕まつりのハリボテづくりをしていたこともある。

「商店街の人に『なんのために七夕手伝っとるの?』と言われましたが、『いや、なんでmost でしょうね、ここが面白いから関わりたいし、将来的にもっと良くなればいいなと思ってます』と答えていました」

商店街の人は「ふーん、そうなんだ」と言いながらも、市原たちがつくるセンスのいいハリボテや空いたスペースに急ごしらえでつくったギャラリーを入れ替わり立ち替わり見に来ては感心して帰っていった。

「具体的にどんなことをしたら、この商店街が活気を取り戻せるのかなんていうのは、あんまり考えとらんかった。ほんでも、この街への愛着は育ってったし、商店街の人間関係も徐々にわかるようになりました」

しかし、成果や見返りのないこの緩やかなプロジェクトを続けるのは難しく、平成一九（二〇〇七）年にはメンバーは、市原を含め三人になってしまった。それでも市原には「使命感」のようなものがあった。一〇代、二〇代のころと同じ「いったん関わり始めたら結果が出るまでやりたい」という気持ちがあり、円頓寺に通い続けた。

「那古野下町衆」発足

そのうちに自分と同じように感じている人が建築家仲間以外にもいることがわかってきた。地元の商店主はもちろん、隣りあって飲んでいた大学教授、クリエイターといった人たちと親しくなり、話してみると、市原が感じているような魅力に惹《ひ》かれて、この場所で飲んでいたのだ。

「ひとことで言ったら、〝那古野愛《なごの》〟かな。みんな、円頓寺という場所にも店にも、店の人に対しても愛を持っていたと思いますよ。もちろん店に来て自分たちが楽しませてもらうのだけど、自分たちが来なければこの店は終わってしまうかもしれないという儚《はかな》い状態じゃないですか。恩着せがましさはまったくないんだけど、でも行ったることで存続するなら行ったりたい。そんな愛がみんなんなかにあるということがわかってきたんですね」

平成一九（二〇〇七）年、「みんなで円頓寺界隈を活性化させよう」と『那古野下町衆（那古衆）』というボランティア・グループが結成された。

商店街の外部の人が多かったが、円頓寺を活性化させたいという気持ちの商店主もメンバーになった。『はきものの野田仙』の高木麻里さんは中心メンバーのひとりとなり、『化粧品のフジタ』の藤田まやさんも愛知淑徳大学で都市環境デザインコースの助手を務めながら参加した。

那古衆は円頓寺商店街を中心とした那古野エリアに人を呼ぶにはどうしたらよいか、チームをつくり、イベントを企画したり、防災運動を始めた。商店街マップをつくったり、魅力を伝えるフリーペーパーを出したりもした。

活動が進むほどに、空き店舗が増加していることが活性化を妨げる根本的原因になっていることを痛感することになった。

空き店舗対策チーム

店が閉まった、古い店舗が取り壊された、という情報が少しずつ増えていた。

一方で、新規に開店する店はさっぱりなかった。とくに商売をやめる店舗に別な店が入るというケースは皆無だった。

那古衆のなかにはいくつかのチームがあったが、ここをなんとかしなくては話にならないだろうと、平成二〇（二〇〇八）年に「空き店舗対策チーム」ができた。そのときにこのチームのリーダーとなったのが市原だった。

経緯はこうだ。大阪の商店街に視察に行ったときに、市原は、ひとりでリスクを背負って頑張っている建築家に会った。その人に会って初めて「やっぱり街を動かすというのは、実はみんなでやることではないのかも」と思った。

「まず誰かがエンジンになって動く。するとその車体になっているみんなが一緒になって動いてくるんだ、と思いました。視察から帰ってきて『こうやってやらんとだめなんだね』ということを那古衆の会議で言ったら『だったら、空き店舗対策チームのリーダーは、あんたじゃない？　建築知っとるんだから』と。それで、『ああそう？　じゃ、俺？』。メンバーで建築やっているのは俺だけじゃないけどね、とも思いましたが、言ったもん負けで」

しかし、一見単純な、建築家だからという指名理由は正しかったようだ。

「古い建物を見てきとる人たちというのは、やっぱりその建築の歴史に愛着がある。古い建物に住んで、柱の傷とかもこれが人生だね、ということを感じる人は簡単に建物を壊せえへん。僕自身も簡単に壊せん。どんなふうになっとってももう一回起こしてあげたりたいな、と思ってしまうんです。その気持ちがあることが、空き店舗を持っている大家さんと話すときにはプラスになったかもしれません。

それに建築家はアーティストではなくて、基本はクライアントの依頼を受けて建物をつくる仕事。依頼する人たちの思いを汲《く》んでつくっていかなかんとなると、やっぱりそ

商店街の人々の心を動かした建築家・市原正人

の人と建物の歴史というのは非常に大切です。

そういう意味では、円頓寺商店街が傾きかけているところをもう一回起こしたりたいと思ったのは、ひょっとして古い建物に思うところと同じだったのかもしれんね」

「空き家バンク」の挫折

空き店舗対策チームが最初に着手したのは、「空き家バンク」だった。

那古衆に参加していない商店街の人たちに認められるためにも、いちばんわかりやすく結果として見えるのが、「空き家だったところに新しい店が開店することだろう」と考えたからだ。そのためには、まずはどこが空き家かを把握する必要がある。

空き家を調査して、所有者に貸す意思があるか、貸すとしたらいくらぐらいで貸すつもりがあるかを訊いて回った。

しかし、いざ所有者のところに訪ねていくと、「ようわからんわ。そもそも空き家っちゅうけど、物入っとるでね、うちの」といった反応ばかり。二階に住んでその延長として使っていたり、あるいは物置や倉庫として使っていたりするというのだ。外から見て、メーターがついていない、人は住んでいなさそうだ、シャッターが下りている、こういう建物を空き家と判断していたが、所有者の立場からいえば、必ずしもそれは空き家ではなかった。

そしていちばん多く受けた質問は「で、なんに使うの？」である。「いや、まだなにに使うかは決めとらんけど、貸してくれるかどうか、貸すならいくらかな、と」と答えると、「そんな、なんに使うかわからないものに貸すとか貸さないとか言えないしょ」と言われてしまう。まして、ぼろぼろだし、使えるかわからない、使えるようにするにはどれだけかかるかわからない状態で家賃なんか決められない、ということである。もっともな話だ。

空き家バンクの活動はここに限った話ではない。自治体を中心に全国にある。ただし田舎暮らしの家を見つける場合と名古屋のような都市のなかの空き家を探すのでは難易度が違う。前者は比較的簡単に見つかるが、都市の空き家はリストに載っていないことが多いと市原は説明する。

「リストになんか載ったら、『あの人のところは空き家で、これぐらいの家賃で貸したいと思っているんだ』と周りに知れてしまうもん。行政がやっている空き家バンクにも一応リストはあります。といっても見せてもらうと五軒ぐらいしか載っとらんかったりする。空き家ってこれしかないんですか、と言うと、いやいや実際は何十軒もありますよ、と。それじゃバンクじゃないじゃない、ということになるよね」

とにかく、空き家バンクに自分の物件が公開されるなんて嫌なことなのだということはよくわかった。

結局、リストは一向に増えていかず、半年ほどであきらめざるを得なかった。

こうした物事をまとめるにはタイミングが大切だが、月一度の那古衆の会議で「こんなことやろうとしてるんだよね」と発表し、みんなの意見をもらって合意を得ている間に、目をつけていた物件が壊されてしまうという事態も起きた。

この仕組みで進めていくとできるものもできなくなる、と市原は考えた。そこで思い切って、那古衆から空き店舗対策チームだけ独立させてもらった。そして、『ナゴノダナバンク』という新しい組織で本格的な活動を始めたのである。平成二一（二〇〇九）年のことだった。

「ナゴノダナバンク」始動す

市原は、空き家の所有者に対する対応も変えた。

「空き家バンクの活動をしているうちにわかりました。考えてみれば、相手に条件も情報も何も渡さないまま、答えてくれ、と言ったって無理。それじゃあ、どこまでも鶏と卵の話になっていってしまうよね。

それで、この建物を空き家としてもし僕自身が借りるとしたら、家賃はこれぐらい。この場所、この建物ならこういう店を出したら面白い、というプランをつくることにしたんです」

プランを考えるときに留意したのは次の二点である。

・新しい店が、今ある老舗の営業の邪魔にならないこと
・客が近隣の大きな商業地である名古屋駅を飛び越えても来たいと思う店であること

要は、「ここに来ないと出会えない物、味、空間、人を備えた店」ということになる。

「店が軒を連ねて開いているのが活性化している商店街、というのが一般のイメージかもしれんけど、もう一回人を呼び戻すには、以前の商店街の〝形態〟にこだわるのではだめだよね、と。どれだけ魅力的な店、内容と店主に力がある店がそこにあるかが大切だとあらためて気づいた。

実際、自分が円頓寺と関わりたいと思った原点が、人を集める魅力的な店だったわけだから」

円頓寺に住んでいる人たちはあまり自分の街の良さと時代の関係に気がついていない、とも市原は思った。

「長くその地にいると、『俺たちはこれなんだ』みたいな、ある時代の良さにいつまでもしがみついているようなところがあるじゃないですか。けれども、ほんとうは次の時代にはその良さが良さではなくなってたり、変質しとると思うんですね。今までの良かったことを大切にするというのと、今までの栄光に固執するというのは違います」

これは『松川屋道具店』のご主人、斉木弘さんが言っていた「過去の栄光があると目先が曇る」という気づきと同じである。

那古衆でのコンセンサスを得るというプロセスがなくなって、市原のやり方はさらに一歩進んだ。

「ここいいな、と思った場所があったら、もうそこは空き家だと勝手に設定して、ここにこんな店ができたらこの街が良くなるな、とまず青写真を描く。そして、『ここでお店やらないですか』と借り手に声をかけて、家賃はこれぐらいなんだけど、と勝手に自分で決めてしまう。それで所有者のところに半押し売り的に『この建物貸してくれませんかね』と話をしに行きました。よくいえばマッチング、仲立ちですね」

実現の可能性が見えない段階では、あまり周囲の人を巻き込まないようにしていたが、うまくいきそうな気配がしてくると、「まりちゃん（円頓寺商店街振興組合理事長の高木麻里さん）、何とか声かけれんかな」と、商店街内部の仲間の力を借りて話を進めていった。市原はあくまでも専門的知識を持っている外部の人間として所有者に話をする。そして地縁者にしかわからない人間関係に精通している商店街の理事などに別途口添えを頼む。このやり方で計画は少しずつ前進し始めた。

〝後継者〟探しと再建のビジョン

具体的にはこのような進め方だ。

まず、これはいいなという建物を見つけたら、近所の人や那古衆のなかの商店街のメンバーに「所有者は誰だろうね？　連絡先わかる？」と訊くところから始める。もちろん登記簿謄本をとれば所有者はわかるわけだが、どういう人で、どういう経緯でここが空き家なのかという情報までわかれば、「この所有者には、こういう切り口で話をしたら聞いてもらえるんじゃないか」ということがわかる。

「建物があまりに古く、ほんとうに使えるかどうかわからないような外観のときは、自分の建築家という職業を最初に言う。そうすると、所有者も『言うのもなんだけど、あんなの、使えるの？』と言ってきます。そこで『ええ、十分です』ときっぱり。まだ中見てないから、わからないのに（笑）。『でも、すごいよ、中』と返されたら『いや、もうすごいのなんて嫌というほど見てきてますから、一回見せてくださいよ』と。そうするとだいたい『そう？　じゃあ、見てみる？』ということになるんです。こういうふうに一対一で話をするようになってから皆さんが乗ってきてくれるようになりましたね」

もちろん、言下に「うちはいいよ」と言う人もいる。けれども、「あ、こういう人間がこういうことやっているんだ。こんな古家、と思っていたけど、これ貸せるんかな」という意識が心のなかに芽生えるだけでもまったく違った。どこかで改修が始まって、空き家が何か店になるらしい、と聞きつけると、そういう人たちは必ず様子を見に来た。

そして、「あんなのが、こんなふうになるんか。それならうちのほうがまだましだ」と感じるのか、あらためて相談を持ちかけられるケースも出てきた。

所有者と話をするときには、市原はこの先の青写真、ビジョンを主に語った。

「もしここを貸してもらえたら、こんな人に、ほかの街にはないこんな魅力ある店をやってもらおうと思う。その目星はついています。そうした店がここにできると、街もこんなふうに変わってくると思います」と。同時に、貸せるようにするにはどのぐらいの改修やそのための投資が必要か、それは家賃でどのように回収できるのか、ということも説明した。

もし店舗を貸したらどんな将来が待っているのか、所有者がより具体的に想像できるようにしたのだ。

ここで市原の今までの仕事のスタイル、個人対個人で話をするコミュニケーションが生きた。上から話をするのでなく、かといってへりくだるわけでもない。熱く説得するのでもない。生来の穏やかさでフラットに、ひたすらビジョンを説明し、質問に丁寧に答えた。

市原が話をするうえで気をつけたことは、所有者に「逃げ道を残す」ことだった。

「やはり最後にリスクをとるのは大家さんなんです。そこの金の話は立ち入れないところです。だから、『いや、それはこういう理由でできないな』と相手が言える逃げ道をふさがずに話をしました」

所有者ひとりひとり、そしてそこに店舗を開いてもいいという人との一対一のコミュニケーションは徐々に実を結んでいった。

そもそも閉店にはさまざまな理由があったが、理事長の高木さんが語っていたように、最たる理由は後継者がいないことだった。そこに、〝後継者〟を見つけ、こんな店でこんなことを、というビジョンを提示することが、結果的に説得力を持った。

市原が所有者と話をするうちにわかったことがある。

それは長く円頓寺で商売をしたり、暮らしたりしてきた人の、街への愛だった。多くの空き店舗所有者は、実はほかで店をやっていたり、今までの蓄えがあったり、年金で静かに暮らしていたりと、無理に空き家や空き店舗を貸さなくても暮らしに困らない人が多かった。どちらかというと、大家になることで面倒が増えることを危惧していた。そうした所有者が最後に話に乗ってくれるときの決定打は、二つだった。

自分や先祖が大切にしてきた建物への愛着や価値をわかって使ってもらえるということ。そしてそれが街の活性化に役に立つ、ということだ。それだったら、リスクもあるけれど、ここはひと肌脱ごうか、という那古野愛が、ナゴノダナバンクのプロジェクトをさらに前進させた。

人間不信になりかける

市原にとってナゴノダナバンクの活動は完全にボランティアである。

空き家と店舗のマッチングをしても、不動産取引の免許はないし、市原が金を得ることはない。唯一、マッチングで入ることになった店舗が市原にそのリノベーションの設計を依頼すればそれが仕事になるが、市原が設計することを条件にはしていないし、実際、市原が店舗設計に関わっていない店がいくつもある。みんな結構あっさり「リノベーションは知り合いに頼みますから」と言うそうである。

それでも、ナゴノダナバンクの活動に力を注ぐほど、あらぬ誤解を受けた。

商店街の人から「やっぱり、金儲けでやっているんじゃないの？」と言われたのだ。

「そんなつもりでやっとらんのに、そうやって思われるんだな」とあらためて思った。

確かに世の中には、街づくりを仕事にして利益を得て、商店街が活性化すれば街の人も嬉しいという図式をウィン・ウィンと呼ぶ人もいるだろう。しかし、市原の頭にはその図式はまったくなかった。

だから、人の言うことをほぼ全面的に信用している市原にとって、自分の話や行動を誤解されたことはショックだった。人間不信になりかけた。

「しかし、思ったんです、もし自分が実際に儲け目当てで関わっとったら、もっとショックだっただろうね、と。でもそうじゃなくて、自分が好きでやりたくてやっていたし、その気持ちをわかってくれている人もいた。本心をわかってくれている人がひとりでもいればそれでいいじゃないかと思いました」

市原は挫《くじ》けなかった。

「挫ける理由もないんです。積みあがっていくものなら途中で挫けるということもあるかもしれん。でも、ひとつひとつの案件がそれぞれに特別で、それにひとつずつ向きあってきただけで、僕の実績が積みあがっているというようなことではないですね。空き家や空き店舗を貸そうという人も、お店を新たにやる人も人生かけてやっている。だから何軒関わっても、いつも案件ごとに新たなスタートなんです」

最初の一軒

実は、「ナゴノダナバンク」の空き家・空き店舗再生プロジェクト最初の一軒は平成二二（二〇一〇）年に成立した市原自身の店である。活動と軌を一にして、自分も商店主になることにした。建物は商店街のほぼ真ん中にあり、『肉の丸小商会』の向かい。誰もが通る場所だ。この物件が売られることになって問い合わせがそれなりにあったが、変な人が店をやるようになったら嫌だなあとも思った。そして、プロジェクトを進めるうちに円頓寺商店街との関わりをもっと深めたいという自分の気持ちも育っていた。そうであれば自分が買って、商店街の一員としてリスクを負って一緒に再生の努力をしようと決心したのだ。

オープンしたのは、アートやアパレルを扱う『galerie P+EN（ギャルリーペン）』である。このギャラリーショップの実質の店主は、市原の妻、永井千里さん。永井さんは広告のスタイリストで自分のブランドを持っていた。いつかショップをやりたい。そうぼんやりとは思っていたが、円頓寺でやろうとは考えてもいなかった。

「私も市原も古い建物や古い街並みが持つ空気が好きで、京都や金沢などによく行っていました。でも、八〇年代、九〇年代、私たちの仕事がいちばん忙しかった時代は、建築のほうでもスタイリッシュな居酒屋とか、デザイナーズなんとかというのが全盛で、とにかく新築、新築。

古いものをリノベーションして格好よくというのは全然なくって、いかに目新しいかが重要でした。全部壊して新しくオープンしたほうが人を集める、という。だから、私たちの好きなものと時代とは合ってなかったですね。一〇年ぐらい前までは古民家再生なんてまったく受けませんでしたから」

古い佇まいに魅力を感じるというのは市原も永井さんも同じ感性だったが、世の中でそこに興味がある人はまだ少数派だったのである。

「私もときどき円頓寺やこの界隈の店に食事に来ていましたが、いわゆるシャッター街でした。このままじゃもったいない、と思って市原が活動を始めた気持ちはわかるんですが、ほんとに何かを変えられるとは思っていませんでしたね」

最初は仕事を早めに切り上げて円頓寺に飲みに行き、那古衆のひとりとして活動しているだけだったのが、ナゴノダナバンクの活動を始めてからどんどんのめりこんでいく夫を見て、正直理解に苦しんだ。

「仕事でもなく、収入になるわけでもなく、ただ好きというだけで、どうしてここまでやるのか、と。彼が動くことで、喜んだり、利益がもたらされるのは、円頓寺商店街の人たちだけでしょう。私たち家族には何も関係なく。それをボランティアでよくぞやれるなと思いました」

市原は普段から苦労話的なことは家で話さなかったそうだが、客観的に見て、那古衆が活動しても街に大きな変化は現れず、どちらかというとシャッター街状態はどん底のように見えた。

「あなたがこんなに一所懸命にやってても、商店街の人は見向きもしないし、シャッター街に危機感を持っているわけではない。ほんとに何か変わるの？　という疑念をぶつけたことは何回もありました」

そのときの市原の反応は「うーん」だったそうだ。

市原のなかには「少しずつ、ほんとうに緩やかだけれど、状況は登り返しつつある」という手ごたえが出てきていた。しかし、客観的に見れば永井さんの言うとおり、目に見える変化はなかった。「うーん」と言うほかなかったのである。

この時期、市原は仕事の面で難しい局面を迎えていた。それはリーマン・ショックの影響による不況である。平成二〇（二〇〇八）年九月に起こったアメリカの投資銀行リーマン・ブラザーズの破綻《はたん》に端を発する国際的な金融危機と不況の波は、日本の建築業界にも影を落とした。それまでは忙しくて仕方がなかった市原の設計事務所も、少しずつ仕事が減り、やがて社員の給料の支給が難しいところまで来てしまった。しかし、今まで昼夜徹して働いてきてくれた社員を辞めさせることはできないと思った。

何か方法はないものか悩み、公的資金に頼る方法をとった。

「それまで、国に頼ろうなんて思ってみたこともありませんでした。しかし、補助金で給与を払い、どん底の時期をなんとか乗り越えました。それで社員を解雇しなくてすんだ。そこから徐々に盛り返して経営も落ち着いたんですが、このとき、国に対してまじめに仕事をしてきてよかったなと思いましたし、そうであれば補助を受けるという方法も問題解決のひとつの選択肢になるのだ、と思いました。なんといっても『万事休すか、と思ったときにも何かしらの方法はある』という考え方を身に着けることができました」

実はこのときの経験がのちに円頓寺商店街でも大きく生きることになる。

友達に自慢できる場所

『ギャルリーペン』の開店によって、円頓寺商店街の状況は明らかに変わり始めた。世間の注目度も、市原に対する商店街の人々の視線も、だ。

ギャルリーペンは、市原が自らリノベーションを手掛け、外観も店内もミニマルで端正。白を基調に、照明にもこだわりを感じさせる空間だ。

商店街のなかで目をひく外観、空間に加え、永井さんが買い付けたエッジの効いたファッションや、アートな雑貨が並ぶセレクトショップは、それまでの円頓寺にはなかった店である。

「私もこの場所で店をやろうと決めてから、心境が変わり、極力集客しなくては、と思いました。当時は名古屋の人でも円頓寺と聞いても『そこどこ？』という反応で、店を出す場所としては無名もいいところ。とくにこういう店を出すにはチャレンジングな場所でした。ならばこの店が、円頓寺商店街に来てもらい、円頓寺を知ってもらうきっかけにならなくてはと思いました」

こう振り返る永井さんは、話題としてメディアに取り上げられ、人に足を運んでもらう企画展を考えることに一年間集中して取り組んだ。

「何もないところに最初にオープンする、そこで見せるものの大切さ、というのがあると思いましたから」

東京に行ったときに表参道ヒルズでたまたま出会った、洋書のアートブックフェアの企画展に惹かれた。そこで、主催者に名古屋でやりたいと頼みに行った。表参道ヒルズと六本木以外でやってない、オファーはいろいろあるけれど全部断った、と言われてしまった。永井さんは、円頓寺商店街のことを説明し、今回のプロジェクトの意味を語り、この企画展がどんなに大切かをひたすら説いた。最終的に思いは伝わり、協力してくれることになった。

日本未発売の洋書を入れて、それを期間限定で販売するという企画になった。主催者もプレスリリースを流してくれ、それに反応した高感度な人たちがたくさん来てくれた。

永井さん自身もそれまで広告業界で働いていたときの人間関係を生かして、自前のプレスリリースをメディアに送り、取材を依頼した。

今までシャッター街だったところに突然エッジの効いた店ができたことは、地元メディアの関心を惹いた。

「実際に取材が来ると、『なぜこの寂《さび》れたシャッター街にこんなショップを出そうと思ったんですか』という質問ばかりでした。オープン以降何年かはずっとそうでしたね」

自分の好きな場所をもっとみんなに知ってもらいたいからです、永井さんはそう答え続けた。

「名古屋で『ここ行ったら面白いよ。ここにぜひ行ってみてね』と自慢できるところが数少なかったんです。だから円頓寺商店街を友達に自慢できる、友達を誘いたくなる場所にしたかったんです」

飲食店の経営者を誘う

この年、同時にオープンしたのが、ギャルリーペンの隣のスペイン食堂『BAR　DUFI（バルドゥフィ）』である。開店を誘致したのはもちろん市原だ。

「隣の店舗も借りることになって、それなら友達を呼ぼう、と思いました。隣が知り合いというのは嬉しいし、一店舗で開店するより二店舗で開店したほうが話題にもなります。飲食店を営む友達三人に声をかけました。この三人はほかでそれぞれ店をやってすでに集客ができている、いわゆる流行《はや》っている店の経営者たちでした。

三人ともここに来てみて言ったのが、『誰も歩いとらんじゃん！』。ありえん、という勢いで嫌がっていましたね。そこで、『人が歩いているからお宅らの店に客が来とるんじゃないじゃん、みんなわざわざ店に来たくて来てるわけだから、どこでもいいはずだろ。それで家賃が安かったら、そのほうがありがたいじゃないか』と話したら、ならもう一回見てみるわ、と言ってまた来てくれた」

三人のうち二人はやはり難しい、という反応だったが、ひとりは断り方が弱かった。今、自分が店長候補として考えている人間がヨーロッパに旅行に行っているから、彼が帰ってきたら訊いてみる、と言う。

「ちょっと時間稼ぎ的な断り方だな、と思って、いつ帰ってくるの、と訊いたら今月末には、と言う。そこで月末に『どう？』と訊いたら、昨日帰ってきたみたいだから一回連れてくわ、と。連れてきたら、彼が絶対に断ると思っていたらしいですね」

それなのに、ヨーロッパ帰りの店長候補は「いやあ、ここ面白いですね。ぜひやりましょうよ」と答えた。知り合いの経営者にすれば「何を言っとるんだ、ここは断るところだろう」という心境だったに違いない。

とにかく出店が決まった。

大家さんと一緒に

この建物の大家はカバン店を営んでいた九〇歳のおばあちゃん。店自体は岐阜市の柳ケ瀬に移転してしまったが、古くから住んでいるこの地を離れたくなくて、二階にひとり住まいをしていた。

理事長の高木さんが言っていた「一階の店は閉めてシャッターを下ろしているけれど、二階に店をやっていた人が住んでいる」というパターンである。そういう意味では、このバルドゥフィが、二階に人が住んだままでも一階を店に貸せるという例をつくることにもなった。このおばあちゃんと息子さんに一階を貸してくれるよう頼んだのも市原である。

「一方、バルドゥフィのほうには、ひとり暮らしのおばあちゃんが住みやすいようにしてね、とお願いしました。極端に言ったら、毎晩、晩ごはんはここで食べてもいいぐらいにしてあげて、と」

おばあちゃんは工事中から興味を持って見ていたようだ。そして驚いたことに、オープンの日には自分で粗品のタオルをつくって配っていた。やはり、もともと商売をやっていた血が「開店日には粗品を配らんと」という気持ちにさせたのだろう。どこかで一体感が育まれていたようである。

店が開店してからは、おばあちゃんは朝はテラス席でコーヒーを飲んで新聞を読んでいた。そして昼にランチで行列ができると、「列、こっちにちょっと詰めてね」と整理をする。孫が開いた店という気分だったのかもしれない。

夜は店のものを食べることを遠慮していた。しかし、市原に会うと「晩ごはんつくったけれど、汁が欲しいんだな」と言う。「スープ?」と聞いたら「スープか、みそ汁でもいい」。「もらってくれば」と言うと「言えんがね」。

「じゃあ、俺がもらってくるよ、汁だけね」というそんなつながりが生まれていた。

円頓寺、話題になる

バルドゥフィとギャルリーペンは、円頓寺商店街に面白い店ができているようだ、という話題をつくることに成功した。取材が来て、番組や記事を見て興味を持った人がやってくる。その人たちがリピーターになり、口コミも広がっていった。

バルドゥフィはまぎれもない繁盛店になった。ギャルリーペンは企画展のたびにメディアに取り上げられ、今や名古屋だけでなく、三河や三重、大阪など周辺のエリアにも常連を持つ店となった。

同時に、店を目当てで訪れた人たちのなかに「レトロな老舗とこんなエッジの効いた店が一緒に存在している円頓寺商店街って、面白い」という印象を与えた。

今まで円頓寺に来たことがなかった客層に、円頓寺ファンが生まれ始めたのである。

市原と商店街との関わりにも変化が起きていた。

それまで市原が「ここをこういうふうにしていきましょうよ」と提案しても、商店街の人々は、あくまでも「外の人」からの意見として話を聞いていた。市原が円頓寺商店街に通うようになって一〇年近く経ち、いろいろなことに尽力してくれている人だとは思われていたものの、「よその人」だからいつかいなくなるだろう、とも思われていた。なぜなら大学のゼミ研究をはじめ、いったんは入りこんできた人間が、数年と経たずにいなくなるということを、商店街の人々は当たり前のように体験してきたからだ。そこへ、店をつくったことで、「ここに根付いてくれる」ということを感じとってくれたようだ。

いちばん変わったのは、会話の内容が本音になり、遠回しだった疑問や反論がダイレクトになったことだった。

江戸時代の米蔵が日本酒バーに

市原はじめナゴノダナバンクのチームは円頓寺で店をやってほしい店主を丁寧に選び、空き家・空き店舗の所有者とのマッチングを一年に二、三軒のペースで進めていった。

平成二三（二〇一一）年に日仏食堂『ｅｎ』とブラジル音楽ＣＤ専門店『サンバタウン』の二軒、二四（二〇一二）年に生パスタ専門店『あんど』、ｆｏｏｄｓ＆ｂａｒ『ホンボウ』、オリジナル懐石『満愛貴《まあき》』の三軒、平成二五（二〇一三）年には三軒の店が入った『円頓寺アパートメント』とＳＡＫＥ　ＢＡＲ『圓谷《まるたに》』が、ナゴノダナバンクの空き家・空き店舗再生プロジェクトで誕生した。

個人的な事情で閉店した『サンバタウン』以外は、現在それぞれ繁盛し、多くの常連客を抱えている。

なかでも日本酒と食を美味しく楽しむ場として生まれた『圓谷』は、円頓寺界隈でもっとも席数が多い店ながら、人気が高く予約のとりにくい店だ。

同時にこの店は、マッチングのプロジェクトのなかでもマイルストーン的な存在である。

「ここに来ないと出会えない物、味、空間、人を備えた店」というナゴノダナバンクのポリシーに合っていただけでなく、店の側から見ても「円頓寺界隈、ナゴノダナバンクだからこそ実現できた」という、いわば最高のマッチングの成果なのだ。それによって、高感度系の人たちだけでなく、ビジネスマンなど、より広い客層に、円頓寺は〝良い店がある界隈〞というイメージを与えることにつながった。今では名古屋に出張や旅行に来た取引先や友達を連れて行くのに格好の店としても人気がある。

圓谷があるのは堀川と美濃路《みのじ》の間。歴史的建造物である大きな古い蔵をリノベーションした二フロアから成る。もともとは江戸時代、船で運ばれた米を堀川から揚げて貯蔵していた米蔵である。美濃路を挟んで向かいにある尾張藩御用の米商である伊藤家が蔵の持ち主であり、本宅の屋敷は愛知県の指定文化財になっている。

陽《ひ》が落ちたころ、アーケードを抜けて堀川沿いに少し歩くと、黒瓦が載った木塀に白い暖簾《のれん》がかかる圓谷に行き当たる。なんとも風情のある佇まいだ。石畳の粋なアプローチから店に入ると、もとの造りを生かした太い梁《はり》と土壁が印象的な空間だ。一階にはバーカウンターと奥にテーブル席。階段を上がった二階には奥まった雰囲気のソファ席がある。レストランスペースが三二席、バースペースが二〇席もある大きな店だが決して騒がしくはなく、米蔵が醸し出す落ち着いた空気感が、ゆったりと酒と食を楽しむ大人の店にしている。

運営するのは、名古屋から車で一時間半ほど離れた奥三河・設楽《したら》町にある日本酒の蔵元『関谷醸造《せきや》』だ。関谷醸造は元治元（一八六四）年から『蓬莱泉《ほうらいせん》』というブランドを中心に、酒造りを手掛ける老舗酒蔵である。

関谷醸造はなぜここに圓谷をつくることにしたのだろうか。社長の関谷健さんに訊いてみた。

「とにかく、日本酒を美味しく飲める場所をつくりたいという思いがありました。昔、日本酒と焼酎とビールしかなかった時代には飲酒に占める日本酒の比率はとても高かったのですが、今や八パーセントを切るぐらいになってしまいました。日本酒が衰退したひとつの原因は、いろんな飲み物が出てきた時代に、酒造メーカーがどうやって日本酒を美味しく飲めるかということにフォーカスした提案をせずに、価格競争や、その後は有名ブランドのプレミア競争の方向に行ってしまったことだと思うんです。

お客さまが期待しているのは、お酒を飲んで気持ちよく酔ったり、楽しい会話をすること。日本酒は美味しい料理を楽しむための手助けであり、逆にお酒を美味しくする酒《しゅ》肴《こう》を楽しんだり、そういうことが大事なわけです。それを体験できる場をつくりたいとずっと考えていました。日本酒ならではのいい部分、例えば温度を変えて味わったり、さまざまな器で楽しんだりという幅の広いところも楽しんでいただきたい。もし蔵元一軒あたり一店、そういう日本酒の良さを提案できる店をつくれば、日本酒の世界はぐっと良くなると思います。

お客さまに対して自分たちの酒をどう表現したり、伝えるかを考えてオペレーションもできる店を名古屋でやりたいということはずっと頭にありました。それで物件を探してはいたんです」

関谷醸造がある設楽町は人口五〇〇〇人ほどの町。日本酒の魅力を広めるのであれば、名古屋だと思っていた。蔵のなかに格好いいバーカウンターがあって、そこで日本酒をおしゃれに楽しく飲める、そんなこぢんまりした店をイメージしていた。

その頃、三重に出張した折、関係先の人から、名古屋といえば円頓寺界隈が最近面白いですよ、という話を聞いた。そこで円頓寺に来てみると、古い蔵や建物が残っているエリアがあり、その一方で、昭和な店舗を改装して賑わっているバルドゥフィも目に留まった。たしかに面白いことをしているなあ、と興味を惹かれた。ちょうどバルドゥフィが開店した翌年のことだった。

そしてあるとき、人の紹介で市原と出会ったのだった。

古い建物の力

市原は以前から伊藤家の持つ蔵をなにかに使えないかということを考えていた。堀川に面し、建物としてもとても良い。しかし、伊藤家関連の建物は、伊藤家も町の人も本宅と同様の文化財並みに考えて大事にしているから、どんな店に入ってもらうか選択が難しい。少なくとも大衆的な店ではないだろうと思った。そもそも伊藤家が大事な蔵を貸してくれるかどうかもわからない。少なくとも積極的に借り手を探していないことは確かだった。

そこで市原はいつものように勝手なビジョンを描いてみた。伊藤家はこの地区を代表する名家で円頓寺界隈の文化を支えてきた存在でもある。今も街の人たちに誇りにされている。そうであれば、この蔵を使う側もどこかの地域で伝統があり、地元の人たちから誇りにされているところであれば良いマッチングになるのではないか。円頓寺の伝統とほかの地の伝統が交われば、円頓寺の価値を上げる、意味のある場所になるはずだ。

ちょうどそのころ関谷さんに会ったのである。

「関谷さんは伊藤家と同様、奥三河の人たちが誇りに思っている、江戸時代から続く蔵元です。そして店を持つ目的が、日本酒の価値を伝えていきたいということであれば、江戸時代の米蔵にぴったりだと思いました。このマッチングなら、伊藤家側からもＯＫをもらえるのではないか、と期待が高まりました。そして関谷さんと実際にお会いして、僕自身ぜひ関谷さんにやってほしいと思ったんです」

しかし、今回もマッチングプランはあくまで市原の頭のなかの創作に過ぎず、伊藤家に頼まれているわけではない。鍵を持っているわけでもないし、いきなり見せてくださいとも言えない。実は伊藤家とは知り合いでさえもなかった。

市原は早速、関谷さんを蔵の前に連れていって、塀のところから、「関谷さん、この隙間から見てください」と言った。関谷さんは「全然わからないですね」と答えた。「でも、なにかいいですね」。「じゃあ、どうですか、ここで」、そう市原は畳《たた》みかけた。二人は小学生のように塀に顔をくっつけて隙間から蔵を覗《のぞ》きこみながら、プランを膨《ふく》らませた。

塀から顔を離した関谷さんがとうとう、「じゃあ、ここで」と言った。

関谷さんは自身の生い立ちからこの建物の魅力を感じ取ったのだった。

「昔、うちにも土蔵がありました。子供のころ、親の言うことを聞かないと『土蔵に入れるぞ』と怒られたことや、たまに土蔵に置いている物を取りに行ったりしたときのドキドキ感を思い出しました。階段をぎしぎしいわせながら中二階に上がると、階段の上部に扉があって、それをがっと開けると入れるようになっていました。そのとき子供心に感じた高揚感や蔵の独特の空気やにおい。見たことのない古い道具が置いてある。ちょっとした探検のような楽しい記憶が甦ってきました。

イメージしていたより、ずっと大きい物件だったのですが、見せてもらったその日に、ここでやるだろうなという確信めいたものがもうありました」

答えを聞いて嬉しくなった市原は、関谷さんという相手を得てより具体化したビジョンを資料にまとめ、伊藤家と仲立ちしてくれる人に託した。すると伊藤家から、思いもかけぬほど嬉しい返事が戻ってきた。

「こういう提案をずっと待っていたんです」

米蔵が街にとって大切な存在であることを伊藤家も重々感じていたからこそ、「これしかない」と思える使いみちが出てくるのを待ち望んでいたのだ。

自分の描いたビジョンが貸し手、借り手どちらにもぴったりとはまった。

市原はこの日、円頓寺に関わってからいちばん旨《うま》い酒を飲んだ。

リノベーションに必要なこと

実際に鍵を借りて蔵の中を見せてもらうと、かなり傷んでいるところもあった。しかし、関谷さんの気持ちは変わらなかった。古い建物をリノベーションして使うということには不安材料もあるはずだが、「少なくとも今も建物がこうやって建っているんだから、何とか対応する手段はあるだろうなと思いました。せっかくこんなに素敵な建物があるのだから、とりあえずやってみようと思いましたね」と言う。

空き家・空き店舗を再生して店をやろうと思う人には共通した傾向があるという。それはある意味、楽観的、ということだ。もちろん、市原は設計のプロフェッショナルとして、どういうリノベーションをしたら使えるようになるか細かく詰めて考えている。それでも、店をやる側が、新しい建物で商売する安心感よりも、古い建物の持つ魅力を生かすことのほうに価値をおき、「あとは何とかなるだろう」と考える関谷さんのような人でないと、このプロジェクトには向いていない。関谷さんは言う。

「実際にリノベーションが始まるとき、お店でどういうサービスをしたいかというイメージはしっかり話しましたが、それ以後は市原さんにおまかせしました。今までに手掛けた物件を見て、市原さんは多分〝あんまりいじらない人〟だと思いましたので。もともと建物が持っている良さやテイストを極力残して、最小限の部分だけ味つけをするタイプの人だな、と。補強材に使う塗料を何色にするか、焦げ茶がいいか、もう少し明るい茶色がいいかとか、椅子のファブリックを茶にするか、オレンジにするかとか、その程度のことだけは相談いただきましたが、ほんとうにその程度でした。

古さって、建築家によっては汚いからこれ全部きれいにしましょうとか、土壁も全部もう一回塗り直しましょうとなるのかもしれませんが、それこそが歴史とか空気感を醸し出す部分だと思うんです。たとえば土壁はほこりが立たないようにクリアな表面加工はしたのですが、それだけでいい、それ以上はしないという価値観が市原さんと同じで良かったですね」

圓谷では、日本酒が飲みたくなるような酒肴、とくに酒を造っている三河の食材を生かした料理が多い。酒と料理、それと、どこか懐かしさがある木と土壁の空間が調和して、居心地の良い、ゆっくり話ができる空気感が醸し出されている。

圓谷はオープン後、いわゆるタウンガイド誌やグルメ誌の取材は受けず、街の応援になる記事の取材しか受けていない。それでも、予約がとりにくい店になった。

関谷さんは「近くに駅がないとか名古屋駅からちょっと離れているということはあまり問題ではなかった。必ずしも人は名古屋駅から来るわけではないから」と言う。

逆にいえば、駅近でないことがハードルになるような店では成り立たないということだ。

サブリースでマッチングを広げる

円頓寺で店をやってみたいと手を挙げる人が増えてきた。しかし、貸してもいいと言ってくれる大家さんがいないと話にならない。そこが高いハードルだった。古い建物を貸すのは、所有者にとって予想のつかないトラブルの種を抱えることになりかねないからだ。

今、五軒の店が入る『円頓寺アパートメント』の大家、高木いづみさんも、当初はこの建物を貸す気持ちはなかった。高木家はこの周辺に何軒かの古い建物を持っているが、すでに貸しているところで建物の管理に苦労していたからだ。

「市原さんは関わっていない案件なんだけど、円頓寺界隈に一軒家があってそこで洋食の店をぜひやりたいから、と言われて貸したんです。ぜひと言うなら、と思って。でも

米蔵の梁や柱をそのまま生かした「圓谷」の店内

水道管のトラブルがあったり、床下から臭いがすると言われたりして、結局うちで直すことになって。それがもう大変で」

費用がずいぶんかかり、古い家だからと安くしていた家賃のそれまでの合計よりも高くついてしまった、とため息をつく。

「だから、義父が亡くなって『円頓寺アパートメント』を相続したときは、もう築五〇年近い建物だし、そのとき入っていたところが出てくれたら、壊して駐車場にしようと思ってました。駐車場にしたって三、四台ほどのスペースしかないけど、手入れしてまた貸すのはもうこりごりと思ってたから」

そこへこの建物を残したいと思っていた市原が話しにやってきた。

「昭和の味わいがあってとてもいい建物だし、借りたいという若い人もいるから、協力してもらえんもんですか。私が一棟まるっと借りて、なるべく建物の面倒も見ますから」

高木さんは市原と会うのは初めてだったが、「ああ、話に聞く、街のことを一所懸命やってる人だね」と思い、耳を傾けることにした。市原の話は建築の専門家らしく、改修するべき点、入ってもらう店舗や人、想定される家賃など、とても具体的だった。

高木夫妻の頭には、父親から繰り返し聞いた苦労話が残っていた。父やその先代が円頓寺界隈に来て、戦災などにもあいながら、苦労して商売を少しずつ広げ、家や建物を手に入れてきた高木家の歴史だ。

「夫も私も、いざとなると先祖が苦労して建てた建物が今にも倒れそうなわけでもないのに壊すというのは忍びなくて。私たちが元気なうちは、使えるという人がいるなら生かしたいね、という気持ちになったんですよ」

高木さんは市原に任せきりにするつもりはなかったが、貸す相手が円頓寺にずっと関わってきている市原であることは「貸してみようか」というふんぎりになった。

市原が考えたやり方は、いわゆるサブリース（転貸借）である。

円頓寺アパートメントには一部屋だけ以前から美容院が入っており、あとは空き部屋だった。美容院を除く空き室三室を市原自身が借りた。「建物の面倒もなるべく見る」という言葉どおり、水道管が破裂したときには市原が自腹で直した。新たに北欧雑貨ワッフルの店『ｍｏｃｃａ（モッカ）』、鍼灸《しんきゅう》マッサージ『治療室ぴっころ』、ギャラリーショップ『ｅｎ・ｄｕｅｘ（エン・ドゥ）』の三軒が平成二五（二〇一三）年、オープンした。また、美容院が閉店してから、靴・バッグ製造販売の『Man products（マンプロダクツ）』、ワインショップ『14倉庫』がオープンした。市原が一棟借りしたアパートをこの五軒にいわゆる「また貸し」している形である。

高木さんは円頓寺アパートメントの隣のマンションに住んでいる。なので、円頓寺アパートメントに個性的な店が開かれ、若い人たちが嬉しそうに店を訪ねる姿をよく目にする。

「私らにはあまり縁のある店じゃないけれど、喜んでくれる人がいるならやっぱり使ってもらってよかったですよ。それに円頓寺は自分たちの住む街ですからね、活気が出るならそれにこしたことない」

昨年、高木さんは、市原や店子に頼まれたわけではないが、円頓寺アパートメントの外壁工事をした。結構な費用がかかったはずだ。

「せっかくお店も入って建物も生きているんですもん、なるべく手を入れてきれいにしてあげなくちゃ、と思って」

また赤字になってしまったのでは？　という問いに高木さんは苦笑いしながら言った。

「赤字までは持てないから、そこまではしない。でも儲かりもしない。それでもね、ご先祖が残してくれた建物がなるべく長生きして、その間の固定資産税分ぐらいになってくれれば。あとは喜んでくれる人がいるならいいかな」

円頓寺には高木さんのように考える大家さんがいる。

古い建物への愛着は、すなわち街への愛着でもあるのだ。

そこに建築の専門家でもある市原がサブリースする安心感がマッチし、新しい店舗を増やす突破口になっていった。

第三章　祭りとアーケード、ふたつの挑戦が街を変えた

初めてのパリ祭

市原正人はじめ那古衆（那古野下町衆）は、円頓寺のこれからを考えるとき、つねに重要視するべき四つのことを念頭に置いていた。

・老舗　今まで長くここで商売をしてきた店
・名物　商品だけでなく、名物商店主も含む
・街並み　歴史ある街並みだけでなく「残したい」と感じる街並み
・お祭り　この街ならではの祭りで人が集まる

円頓寺商店街には昭和三一（一九五六）年に始まった「七夕まつり」があり、今も七月最終週に五日間行われる。円頓寺商店街と隣の円頓寺本町商店街が競い合うようにしてつくる七夕飾りがアーケードを彩り、露店が並ぶ。六〇年以上の歴史がある祭りだから、商店街が寂しい状況になってからも地域の祭りとして愛されてきた。家族連れはもちろん、夏休みで帰ってきた学生たちも久しぶりに誘い合わせてやってくる。商店街に

とってもアイデンティティを誇示する存在で、一年間七夕まつりのために働いている、と豪語する人もいるぐらいである。

七夕まつりを大事にしながら、もうひとつ別な祭りを円頓寺商店街につくろう。市原たちはそう考えた。

それが『圓谷』が開店した同じ年、平成二五（二〇一三）年秋に初めて開催した「パリ祭」である。

「新しくイベントをやろうとしたときに、商店街の祭りとしてつくるなら、七夕まつりに匹敵するぐらい、みんなに愛されて、なおかつ続いていくお祭りにしたいと思いました。パリ祭というと、なんだかチャラい感じがしますが、そもそもフランスのパリ祭は七月一四日の革命記念日に行われる大事なお祭りです。円頓寺は七月には七夕まつりがありますから、秋のパリ祭にしようと考えました」

なぜ、いきなりパリ？　という疑問が浮かぶが、それは市原を含めメンバーにパリ好きが何人かいたから、というごく単純な理由だ。

ただし、好きだからこそ、何が本物なのかわかるし、恥ずかしくないものにしようと考える。好きこそものの上手なれ、である。

「徐々に充実させていくのではなく、一回目から『これ、本物だね』と思わせるお祭りにしたかったので、発案は二〇一一年でしたが、そこから準備に一年半かけました」

これは『ギャルリーペン』のオープニング企画と同じ考え方である。

出店してもらう店は公募ではなく、「これぞ」という店にこちらから声をかけにいった。フレンチ雑貨店、ブロカント(アンティーク店)、フラワー・アレンジメントの店、バゲットが美味しい店など、名古屋市内だけでなく郊外まで広げて、まだそれほど知られていないけれどもセンスの良い店をピックアップして出店を依頼した。ネームバリューのある店も含めて二〇店舗ほど集まったあとで、公募を行ったところ、「こういう店が一堂に揃うなんてすごい」と出店希望が殺到してあっという間に八〇店舗の枠がいっぱいになった。アーケードの真ん中にずらりと八〇の出店ブースが並ぶことになったのである。

「もうひとつ、本物を感じさせるために、フランスを代表する企業がそこに参加しているという絵があるといいのかなと考えて、お願いにいきました」

これはなかなか簡単にはいかなかった。

航空会社のエールフランスには、タブロイドの冊子に名前を載せさせてもらった。もちろん広告料などなしで、ただ載せさせてもらっただけである。

そして、自動車メーカーのシトロエンには、会場に車を並べてもらうことになった。

あとは果たして人が来るか、である。これが最後に残った心配だった。

とにかくメディアで紹介してもらうしかないと考えたが、雑誌は掲載までにタイムラグがあるため、概要が決まったときにはすでに時間的に難しかった。狙うとすればテレビだ。

あたってみると、ちょうど一〇月の番組改編のタイミングで、新番組の初回の特集で取り上げてもらうことができた。

本物にこだわったことが人を呼ぶ

当日、蓋《ふた》を開けてみると、心配は無用だった。予想をはるかに超えて七夕まつりをしのぐ人を集めた。

七夕まつりとは客層が違い、近隣というよりわざわざ遠くからおしゃれをしてきた人が多かった。女性が多く、またベレー帽率が半端なく高かった。そしてかなりの人が最初に、花とパンを買い、それを持っていろんなブースを覗き、大道芸や音楽のライヴを取り巻いた。七夕まつりではがんがん飲んで酔っ払っている人も多いが、パリ祭に来た人たちは上品に飲んで食べて楽しんでいる。今までの円頓寺商店街と縁のなかった人たちが多くやってきていた。

この日、商店街の店は自分たちの祭りだという意識は希薄で、積極的に参加するというより、通常営業しているという状態だったが、それぞれの店にも客が殺到した。しかし、混乱はなかった。たくさんの客がいきなり来ても対応できるところが、長年七夕まつりの人出に慣れている商店街の実力だった。

『肉の丸小商会』ではメンチカツの注文数が史上最高だったそうである。

丸小の木俣和彦さんはこう話す。

「昔は遊びに来た若い人で賑わっていたんだけど、最近はほんとに寂しい状態になってた。ところがパリ祭では、若い女の子の行列ができてね。そのあとから、なぜかパリ祭じゃないときにも、若い子が店に来るようになった。そういう子と話をしていると、若返った気分がして嬉しいんだよ」

「ここでしか出会えない店」

パリ祭の賑わいも話題を呼んだ。市原は振り返る。

「何人ぐらい来ましたか？　と訊かれたけど、テーマパークじゃないし数えとらんし。とにかく幅八メートルの通りで人と人がすれ違えんような混雑でした。何人来たかより、ここでしか出会えない祭りとして続けていくことが大切なんだと思いましたね」

パリ祭は毎年すごくなってきているね、と言われるために、また商店街の人たちに「円頓寺商店街のパリ祭」が世の中に良いイメージを発信できていると感じてもらうためにも、本物にこだわって続けていくことが何より大事だった。

そこで市原たちは、出店者についてひとつのルールをつくった。

いろんなイベントに出店している店からの応募は断る。そして、今まで出店をオファーしていた店でも、ほかのイベントにも出ることになった場合、翌年のパリ祭への出店は断る、というルールである。そのことを伝えると「じゃあやっぱり、新しいほうは断ります」という店もあった。

「これは脅しでも何でもなく、パリ祭でしか出会えない店がそこにある、というのを大事にしたいからです。花火大会の屋台だったら、どこにでも出ているクレープ屋さんがあってもいいと思いますが、パリ祭というかぎりは、パリに特化している店に出店してもらわないと、『今回はパリでもなかったよね』と言われて魅力を失うと思うんです。だからブースが空くようなことになっても、このルールをクリアできない店はお断りしているんです」

これは出店する側からするとなかなか厄介《やっかい》なルールである。

イベントに出るために店側は、ブースの造作やサービスの仕組み、什器《じゅうき》の用意など一通り準備しなくてはならない。費用も手間もかかる。イベントに出るならばある程度出続けなければ効率が悪い。イベント主催者側にとっても、イベントに出慣れている店に出てもらえばフォローも必要なくさくさくと進むので、実は楽なのである。

パリ祭では、主催者、出店者双方が、年に一回の祭りのために普通じゃない努力をしている。そのことが来る人にも伝わっているのだ。

これはある種のブランディングだと言えよう。

ただし、うたい文句によるブランディングではなく、手間暇かかるブランディングである。

毎年人波が押し寄せる秋恒例の「パリ祭」

持ち込み企画でイベントをやりたいというオファーが増えてきたことは、円頓寺商店街のブランド化が成功している証左であろう。

「ここでイベントをすると高感度で情報発信力のある層を集客できる」というイメージがついてきているのだ。

そこでこのオファーを積極的に受けて、アーケード使用料ほかサービスをパッケージにして商店街の臨時収入とすることにした。この収入は、アーケードの管理維持費に回ることになっている。

平成二八（二〇一六）年には食品メーカーのカゴメがトマト祭「トマトマ」を行い、おおいに賑わった。従来のトマト祭は既存の店でカゴメ商品を使った料理を提供してもらうという形だったが、それでは店に来たお客さんにしか体験してもらえないので、外のスペースで試食や製品ＰＲを行いたい、ついては、パリ祭で多くの女性客や飲食に感度の高い客を集める円頓寺商店街で、ということだった。

こうなると評判が評判を呼び、次々と新たなイベントのオファーが舞い込んでくる。持ち込まれるイベントの種類も、パリ祭を評価してくるだけに、平成二九（二〇一七）年は「ＮＡＧＡＮＯ ＷＩＮＥフェスタ」であったりと質感の高いものが多い。まさに好循環が生まれている。

平成二九（二〇一七）年でパリ祭は五回目を迎えたが、人出はさらに増え、早い時期から問い合わせも来るようになった。そして、頼まなくても名古屋の秋の風物詩としてメディアで報道されるようにもなった。

商店街の老舗も、古くからの常連客から「もう、そろそろパリ祭の季節ね」とか、「今年はパリ祭いつ？」と訊かれたりするようになり、自分たちの祭りなんだという意識が高まった。

大曽根商店街の失敗に学ぶ

名古屋の三大商店街は、円頓寺、大須《おおす》、大曽根である。

大須商店街は江戸時代に門前町として拓《ひら》かれ、幕末から第二次世界大戦前までは演芸場、映画館、遊郭もある一大歓楽街だった。それが空襲にあい、壊滅的な被害を受ける。戦後は、現在もっとも大きい繁華街である栄に客足が流れ、昭和四〇年代にすでにシャッター街化が進んだが、その後東京の秋葉原から家電店やパソコンショップを誘致して電気街として復活した。現在は電気街というよりそこから派生したオタクカルチャーが人を集めている。メイド喫茶やご当地アイドルのカフェも多く、世界コスプレサミットも、ここ大須商店街で開催されている。『コメ兵』などの中古品売買の店、『矢場とん』など全国区になった飲食店も入り交じり、昭和四〇年代までとはまったく違った商店街として、オタク層や海外からの若い旅行者、混沌の雰囲気を楽しむ人で平日から賑わう。まさに「名古屋のアキバ（秋葉原）」である。大須商店街もみずから「年齢性別国籍を問わず、アンダーグラウンドなものからメジャーなものまでさまざまな文化がある『ごった煮』の雰囲気」が魅力である、としている。

一方で、大曽根は円頓寺同様、昭和三〇〜四〇年代までは賑わったものの、再開発が裏目に出てだめになってしまった商店街である。

今その界隈を歩いてみると、マンションが立ち並び、どこが商店街なのかよくわからない。歩いている人、買い物をしているという人も少ない。食事や飲みに来ている人で賑わう様子も見られない。名古屋の三大商店街だ、と言われても、現状しか知らない人間にはまったくぴんと来ない。

歴史的に重要な場所にあり、そこから商店街に発展していったのは円頓寺商店街と同じだ。名古屋と中山道を結ぶ、通称「下街道」が通り、名古屋城下の北東の玄関として繁栄した。

長野の善光寺へ参拝する人の通行も多かったことから「善光寺街道」とも呼ばれ、街道の要所に拓けた繁華街だった。今もそのことを示す古い道標が立っている。明治時代になってからは、国鉄中央本線、名鉄瀬戸線が大曽根駅を設置し、ますます人が行き交う場所となっていった。

しかし、昭和五三（一九七八）年の名鉄瀬戸線の栄乗り入れや名古屋駅の発展にともなって、ターミナル的性格が次第に弱くなった。これも円頓寺商店街と似た経緯だ。

それでもまだ生活必需品の店から飲食店、洋品店など多彩に揃っており、市原の中学、高校生時代にも、ここは買い物をする場所だった。大曽根商店街のなかには当時流行したアイビースタイルの洋服屋が何軒かあり、服を買いに通った思い出もある。

昭和五八（一九八三）年、名古屋市計画局の主導で、大曽根近代化推進協議会が発足し、街づくりの基本構想が練られることになったあたりから、風向きがおかしくなった。この再開発構想に対して商店街振興組合のなかでも賛否が分かれ、組合を離脱する店舗もあった。そのぐらい、ガラリと街を変える構想だったのである。

結局構想は着手され、街づくりの区画整理をするために、名古屋市計画局によって商店の一部移転などが始まり、組合に加盟する店がさらに激減することになった。計画では、街路のためにいったん店を壊してセットバックしなくてはならなかった。しかし、建て直しのための費用は一部補助はあるものの、基本は各店舗負担だった。そうなると、違う場所で出直す、これを機に閉店する、という店が続出したのだ。

土地区画整理事業を平成一三（二〇〇一）年までにすべて完了するという名古屋市との約束により、平成九（一九九七）年にアーケードをすべて撤去した。それとともに、OZ《オズ》モールという愛称がつけられ、通りの入り口にはオズの魔法使いを思わせる大きな彫像のゲートが造られた。また、通りには小川のせせらぎを感じるような水を流し、通り沿いの建物には必ず三角屋根を載せるという景観デザインの統一も実施された。

名古屋市とともに街づくりを計画していた大曽根近代化推進協議会は途中解散してしまい、大曽根区画整理事業が完成したのは平成一八（二〇〇六）年一二月。この整理事業のために他地域で仮営業していた店舗のなかには戻ってきた店もあったが、そのまま戻ってこない、あるいは閉店した店が多く、シャッターどころか、空き地が点々としているという風景になってしまった。再開発で新しい商店街としての広がりや見栄えを期待していたものの、実際には逆効果となった。それまであった歴史ある大曽根商店街の面影や特徴はそこになく、人を集める吸引力も失われた。

大曽根商店街もかつて「薬師殿の輪くぐり祭」はじめいくつもの祭りがあった。昭和三〇年代の祭りの日の写真を見ると、アーケードの下をぎっしりと人が歩き、屋台を冷やかす懐かしい賑わいがそこに見える。今と同じ商店街とは思えない光景だ。

「コンセプト先行の街づくり」だった。そしていちばん大切にされるべき、そこで長く商売をしている店舗にかかる負担が大きくのしかかる計画だった。魅力的な店が集まっていない商店街には人も来ない、という当たり前の方程式を見失っていた。結局誰のための街づくりなのか、わからない結果になったと言えよう。

子供のころから馴染んだ大曽根商店街の失敗は、市原に「今まで商売をしていた店がいなくなってしまうようなやり方はよくない」と実感させた。

そして、円頓寺商店街の人々にも危機感を与えた。

アーケード改修

大曽根商店街の街づくりでは、アーケードは「昔の商店街の象徴」であり、維持費用もかかるため、これを撤去して、新しいデザインの空間をつくりだすことを目指した。

一方、円頓寺商店街は違う選択をした。

円頓寺にアーケードが最初にできたのは、名古屋駅が新幹線開通で大きくなり、商店街にやや焦りが出てきた昭和三九（一九六四）年。前出の『化粧品のフジタ』の二代目・藤田光孝さんが商店街振興組合理事長として音頭をとり、完成の数日前に急逝した。

四半世紀後、雨漏りやサビなどアーケードの老朽化が進み、平成元（一九八九）年に改修工事を行った。すでに各店の売り上げはかなり落ちていた時代で、資金の調達や意見のとりまとめは大変だった。

そこからさらに二〇年以上が経ち、アーケードの老朽化はふたたび放置できない状況になった。「もう限界だよね」と商店街の人々は言い合いながら、さらに数年。そのうち、見た目の問題だけでなく、台風でもきたら屋根の一部が落ちてくるのではないか、というレベルになっていた。

また平成二三（二〇一一）年三月に東日本大震災があったことから、耐震性を調査した結果、いくつもの問題が見つかった。

しかし、改修はかなり大がかりで、費用が莫大だ。

もし取り壊すにしてもやはり相当な費用がかかる。

アーケードをどうしたらいいだろう？

そのときに円頓寺商店街の人々の頭にあったのは、アーケードを取り払った再開発の結果、商店街らしさも客も失った大曽根商店街の失敗だった。アーケードがなくなったら、円頓寺も商店街としての体裁も実体も失ってしまうのではないかという危機感があった。

そこで商店街振興組合の理事会に加えて、どんなアーケードにしていくかを考えるアーケード対策委員会が立ち上がった。

プロジェクトのメンバーは商店街の理事長である『はきものの野田仙』の高木麻里さんを中心に、市原、市原と円頓寺飲み歩き時代から一緒だった建築家・齋藤正吉さん、町づくりコンサルである藤澤徹さんの四人。みな那古衆メンバーである。

資金調達というハードル

せっかくだから、円頓寺商店街らしいアーケードにしたい、と全員が考えた。

しかし、いちばんの問題はもちろん費用である。

見積もってみると、総額数億円かかるということがわかった。

もちろん、そんな積立金もないし、単純に割って一軒あたり数百万円以上の負担は、今の円頓寺商店街の店にとって非現実的な数字だった。

プロジェクトのメンバーは途方に暮れた。

何か、妙案はないか。


市原は「万策尽きたように見えても、何か方法があるはずだ」という気持ちでいた。あるとき一緒に飲んでいた知人が、偶然太陽光発電を手掛けていることをふとした会話で知った。

その知人にアーケードの上に太陽光パネルを載せて電気をつくり、売電することができないかと訊くと、「それはできる」と言う。そしてたまたま今、電気の購入価格が高い設定になっている、という。

さっそく何メートルあるか測ろうということになった。約二〇〇メートル。

もし二〇〇メートルのすべてに太陽光パネルを並べるとどのぐらい発電できて、それを売ると月々どのぐらいの収入になるかを計算した。すると、数千万円を調達できる原資になることがわかった。

すぐに名古屋市に設置を申請した。

売電のアイデアに立ちはだかる壁

ところが設置は許可されなかった。

太陽光の売電で収入を得るのはだめだと言うのである。確たる理由はなかった。前例がない。どこにもそんなことをやっている商店街はない。だからだめだという結論ありきで取り付く島もなかった。

この通達にプロジェクトチームは落ち込み、やる気になっていた理事会も尻すぼみな空気になった。市原もまた途方に暮れた。

しかし、このときも、太陽光パネルのアイデアを得たときと同様、商店街で偶然出会った人物によって突破口が開いた。

あれこれ思案しているところに、知人の市会議員が通りかかったのである。

「何やっているんですか」と話しかけられて、太陽光パネルを載せてアーケード改修費用を捻出《ねんしゅつ》しようとしているのだが、行政からダメ出しされている、という事情を話した。

すると、「じゃあ、私のほうで、全国の事例を調べてみましょうか」と言ってくれたのである。その結果、そうした事例がいくつもあることが判明した。東京の巣鴨駅前商店街や京都の伏見大手筋商店街などが太陽光パネルを載せていた。市原はじめプロジェクトのメンバーは実際にいくつかの場所に足を運んで、どのように使われているかを検分し、商店街にも、訪れる客にも何の影響もないことを確認した。

あらためて名古屋市にかけあった。しかし、当時名古屋は全国でも、太陽光や風力などの自然エネルギー発電について遅れた自治体で、条例によって禁じられていたことがわかった。議会にかけないと結論を撤回することはできないという。議論は議会に任せるしかなかったが、時代の流れがあと押ししてくれた。一年がかりで条例が変わり、アーケードに太陽光パネルを載せることにとうとう許可が下りたのである。

しかし、いざ設置が可能になり、売電の計画を話すと、みな、そんなうまい話はあるのか、と疑念を持った。予想に反して、「よし、それならやろう」という言葉は出てこなかった。なにか落とし穴があるのではないか、と感じたようだった。「太陽光のパネルなんか載せると景観が悪くならないか」「街が暗くなるんじゃないか」といった不安の声もあった。

売電価格の改定が目の前に迫っていた。翌月からは、かなり売値が下がり、そうすれば試算上、アーケード維持費を一店舗あたりさらに二〇〇〇円程度アップしないとならなくなる。

そこをテコに市原は商店街の理事たちを説得した。説得というより談判だ。理事たちの前に書類を置き、「とにかくハンコ押してくれ」と迫った。どんな交渉をするときも、相手に逃げ道を残す市原だが、このときばかりはそんな余裕もなかった。ひとまず申請して、やるかやらないかは、ゆっくりまだ考えられるから、と話した。「それなら」と言ってようやくハンコをもらえた。

そうやって、締め切りのぎりぎり三日前、とにかく申請することはできた。

そして、商店街の理事全員が保証人になり、数千万円は資金調達の目途《めど》がたった。しかし、それでも数億かかる改修費にはまったく足りない。

そのとき市原が思い出したのは、会社が経営難だったときに国から補助を受けたことだった。対策委員会メンバーで国から補助を受けられる方法を調べたところ、商店街再生のための補助金制度があることがわかり、さっそくプランを提出した。

申請は受理され、商店街活性化のために補助金を得ることができた。総額の三分の二までと決まっている補助金に売電を原資に調達した数千万円で、ようやくアーケード改修が現実のものとなったのである。

役所の「無理」をくつがえす

市原は建築家という仕事柄、若いときから許可申請のために役所に出向くことは多かった。地道に調べて、書類を整え、役所に説明に行って答えを聞く。だめなら仕切り直してまた出向く。この経験値は高かったが、円頓寺商店街関係では役所を説得することがいつも大きな壁になっていた。

「役所とやりとりをして実現しなくてはならないことがたくさんある。でもすんなり、いいですよ、と言われることはほぼないんですね。だからそれはすごく面倒なことだったけれど、なにか途中でやめられない性格なんです。最終的にできる、できない、結論がどちらにしろ、面倒くさいから途中で終わりにするということができん性格で、結果が出るまで食い下がりたいんです」

市原は会社の経営難を乗り越えて以来、「これは無理だ」と思うことがなくなったのだという。どこかに何か方法があるのではないかと考えるようになった。

「とくに役所相手の場合、『無理』というのは向こうがそう決めているだけのこと。なんとか『無理じゃない』という考え方に変えてもらえませんか、という話を何度もするわけです。行政はすぐに『それはちょっと無理ですね』と言うんですが、そういうときはいつも、『その無理な理由を教えてください』と訊きます」

市原によれば、ダメの言われ方にはパターンがあるという。

「無理という根拠であるルールをたどったら、ほとんどの場合、ほんとうにルールなのではなく、役人が保身のために勝手に決めているルールにすぎないこともあるんです。よく確認しないと、ほんとうに法律に基づくルールなのか、『面倒くさいからやめとけ』と規制しているのかわからない。絶対にダメと言えるルールが法律として実在しとらんのに、まるでそれがあるかのようにダメっぽく言う」

ここでの保身とは、前例がないことを自分で抱えてしまうと、厄介だからやりたくない、ということだ。

こうしたときは、なぜ、どういう根拠でダメなのか、ルールとはどの条例のことなのかを詰めていく。

「条例に数字が書いてあれば、もちろんそれに従いますけど、たとえば『作業ができる幅をとること』というような、主観的であいまいな文言もあります。そういう条例をタテにとってこられたときには引き下がらず『納得できません』と言い続ける」

そうやって詰めていくと「いや、事例をつくりたくないので」という本音を言う役人もいる。

そうなったら「逆なんじゃないですか。あなたがいい事例をつくったと思えばいいじゃないですか」と説得する。そして、こうすることが、どのように住民にとって、また安全面からも良いことなのか、あるいは危惧されることはどのように回避できるのかを論理的に説明する。

「行政からしたら、すごく迷惑な存在だと思いますよ。『お願いだから、ちょっと静かに仕事させてくれ。かき回さんでくれ』と思われているかもしれません（笑）」

実は行政からダメ出しされてまだ解決できていないことのひとつに、パリ祭での出店ブースの並べ方がある。

実は初回は商店街の通りの真ん中にずらりとブースを並べた。それがいけないことだとは知らなかったからである。真ん中に並べたほうが、どちら側からもブースを見ることができるし、商店街の店にとっても店先をふさがれないで済み、普通に営業することができる。しかも右左にふたつの人の流れができるので動線がスムーズになり、回遊しやすい。客はくまなくブースと商店街を見ることができるわけだ。それだけ活気も出るし、店の売り上げが上がる。

しかし、「出店は民地と道路の境界線上に並べなくてはならない」というルールがあったのだ。両側の商店の前に並べて、真ん中は空けておきなさい、ということになる。その理由はいざというときに緊急車両が通れないから、というものだった。

「でも円頓寺商店街の場合、消火栓は商店街の通りの外にあるんで、いずれにしても消防車は商店街の外に車を止めて、消火栓につないだホースだけを引き込むことになる。救急車も商店街から横に延びる路地に止めて、ストレッチャーだけ入ってくればいいし、その場合は左右両側に通路があったほうがかえっていいんじゃないですか。そう言って地元の警察と交渉したんだけれども埒《らち》があかないので、地元警察を統括している愛知県警に訊きに行きました。そうしたら県警には『問題ない』と言われたんです」

市原をはじめ、円頓寺商店街の人々は誰よりも、来てくれる客に何かあってはいけないと思っている。そして祭りをずっと続けていきたいと思っている。事故などが起きたときに対応が遅くなってもいいなどと、考えているわけがない。だからこそ、細心の注意を払ってやれる方法を必死に考え、知恵を絞っている。

しかし、知恵の内容がどうなのか、あるいはもっと良い方法があるのかという議論のずっと手前で、「無理」という結論を申し渡されてしまうのだ。

平成三一（二〇一九）年には全国最大級の現代美術の祭典である『あいちトリエンナーレ』が行われる。円頓寺商店街もその会場に決定している。さすがにモダンアートの展示は両側に寄せては成立しないだろうし、なによりこの一大イベントの「仕切り」は愛知県である。市原は、パリ祭の出店ブースの並べ方問題の解決の糸口が、このトリエンナーレにあることを密《ひそ》かに期待している。

アーケードの完成

ようやくアーケード改修を実現するためのさまざまなハードルを越えた。次はいかにコストダウンしつつ、円頓寺らしいアーケードをつくるかである。

長く続く店＝老舗があることを大切にする、それと同じ発想で、市原は、アーケードも長く保つことが重要だと考えた。

今までのアーケードは鉄骨、それが雨ざらしという構造で、その下に天井兼屋根がついていた。ペンキを塗り直しても一、二年でサビてきて塗り直さなくてはならないという繰り返しだった。

そこで少なくとも一〇年は塗り直さなくてもいいように、鉄骨の上に屋根をかけた。それもポリカーボネートを素材として使った。透明なので、下から見ても載っているのかどうかわからないし、屋根の閉塞《へいそく》感がない。

天気の気配を伝えるアーケードの雰囲気は、今ではすっかり円頓寺商店街らしさになっている。屋根がかかっているのに、ほの明るい感じがパリ祭などのイベントにもよく似合っている。

また、どこか垢《あか》抜けした雰囲気をつくっているのが、特注でつくった行灯《あんどん》を模したペンダントライトと星空をイメージさせるＬＥＤライトだ。夜になると、このペンダントライトが二〇〇メートルのアーケードに等間隔で灯っているのが、ヨーロッパの旧市街のようでもある。

数年がかりの課題だったアーケード改修は、円頓寺商店街に温かみとおしゃれさを与えた。そして、売電とイベント誘致による収入も、である。

パリのパッサージュと姉妹提携

日本では「アーケード」というが、パリではこれを「パッサージュ」という。どちらも、雨の日でも快適に人々が行き来し、ゆっくり買い物ができるよう、編み出されたものだ。

パリには一四のパッサージュがあるが、パッサージュ・デ・パノラマは二区にある、パリ最古といわれるアーケード商店街だ。

円頓寺商店街のアーケードが新しくなった平成二七（二〇一五）年四月、このパッサージュ・デ・パノラマと姉妹提携をした。パリ最古のパッサージュと名古屋最古のアーケードという共通項で結んだ提携である。それよりも、と市原は言う。

「パリの多くのパッサージュがひとりの所有者によって管理され統一されたデザインなんですが、パッサージュ・デ・パノラマは複数の所有者がおるため、ガラス屋根や外観が美しい一方で、通りの店はさまざまで雑多というか、自由奔放。そういうところが円

自然光の明るさと売電収入を両立させたアーケード

頓寺商店街と似とる、と思ったんです」

提携調印式は、オープンしたばかりのカフェレストラン&ゲストハウス『なごのや』(当時の名称は『喫茶、食堂、民宿。西アサヒ』)で行われた。パリから来たパッサージュ・デ・パノラマ理事長ロラン・メスメーさんはこう話した。

「円頓寺商店街は、とてもモダンでエコロジーなパッサージュに生まれ変わったんですね。驚いたのは、商店街とこの街を愛する人が一緒になって活発に街づくりに関わっていること。パリではおそらくこうはいきません(笑)。良いところを学び合い、文化的にも商業的にも交流を育んでいきたいですね」

パッサージュ・デ・パノラマと提携したことは、円頓寺商店街にとって自分たちの街の価値を客観的に見直す機会になった。そして、古いもの、モダンなものが共存する街の有り様や、円頓寺らしさに誇りを持つことにもつながった。

最初は本場感を醸すためにエールフランスやシトロエンに協力を頼みにいったパリ祭。それが今や「パリにも認められたお祭り」になった。

ほかの商店街や繁華街にはない、円頓寺だけの魅力として一層広く認識されるようになったのである。

第四章　一〇年がかりの復活のドラマ

商店街のランドマーク

空き家・空き店舗再生プロジェクトのなかでも街全体に大きなインパクトを与えたのが、平成二七（二〇一五）年にオープンしたカフェレストラン&ゲストハウス『喫茶、食堂、民宿。なごのや』だ（二〇一八年三月までの店舗名は『喫茶、食堂、民宿。西アサヒ』。同年四月に改称）。ナゴノダナバンクの手掛けたプロジェクトのなかで一一軒目にあたる。

『なごのや』は、今や円頓寺商店街のランドマークといってよい。商店街のほぼ中央、『肉の丸小商会』の隣、市原がオーナーの『ギャルリーペン』、『バルドゥフィ』の向かいにあたる。一階がカフェ、二階はゲストハウスで、宿泊者の四割は外国人だ。オープン後、円頓寺商店街を外国人旅行者が闊歩《かっぽ》し、周辺の店で食事したり買い物したりする姿がぐっと増えた。

通りから大きなガラス越しに、老若男女、日本人、外国人がコーヒーを飲みながらお喋《しゃべ》りしたり、パソコンを見たり、Tシャツにエプロンのスタッフがてきぱき立ち働く姿が見える。通り過ぎざま、心に温かいものを感じるその佇まいは、商店街にとって静かに燃える暖炉のような存在だ。

二階の宿泊施設は、四人まで泊まれる畳の個室、ドミトリー（コンパクトなボックスベッド）、清潔で使いやすいシャワールーム、簡単な調理ができるリビングダイニングスペースを備えている。

この建物は、かつてこの地で八〇年続いた『西アサヒ』という老舗喫茶店だった。西アサヒは一九三〇年ごろに開店したという。円頓寺商店街が賑わった昭和二〇、三〇年代は、店の前に自転車があふれるほどの人気だった。お客には名古屋場所にきた力士たちや名古屋の著名人も多く、名物のタマゴサンドを食べ、コーヒーを飲んで、常連客と店のママとの間に話の花が咲いた。ママが亡くなったときは、新聞にも大きく取り上げられた。

だが、ママの後を継いだ経営者が体調不良で入院すると、ほかに後継者がなく、平成二五（二〇一三）年、閉店することとなった。最後のほうは開いていたり閉まっていたりで、「この店、やっているのかな」と道行く人が思うぐらい、古びて寂しい佇まいになっていた。とんねるずの人気テレビ番組のコーナー「きたなシュラン&きたなトラン」で三ツ星（！）をもらったほどだ。

市原正人は「このまま、西アサヒを終わらせるのは忍びない」と思った。長く続いた老舗であり、また喫茶店というのは人々が集う場所で商店街にとって大切だ。建物も手を入れれば、まだ十分いけると思った。

『圓谷』の米蔵やその周囲の建物は江戸の名残を感じさせる街並みで誰しもが歴史的建築物という目線で見る。しかし昭和の建物は得てして「時代遅れの建物」と思われ、壊されてしまうことが多い。しかし、商店街の街並みにとって、昭和の営みを感じさせる建物も、江戸期の建物同様、価値がある。全国的に見ても昭和レトロは今見直されつつある。この西アサヒも昭和の下町文化を感じさせる建物として大切にしたいと市原は考えた。そして、老舗と新しい店がともにある円頓寺商店街を目指すうえでも、ここが誰かに買い取られて駐車場になってしまうようなことは避けたかった。

市原はどんな後継者にどう引き継いでもらうのがいいか考えた。そのときに出会ったのが、のちにこの店のオーナーとなる田尾大介さんだった。

〝大いなる田舎〟だからいい

田尾さんは現在四一歳。山口県の農村に生まれ育ち、大学から大阪へ。卒業後、旅行会社に勤めていたが、辞めて海外に二年半留学した。オーストラリアでワーキングホリデーも経験。各国を旅して日本に帰国したとき、住むことにしたのが名古屋だった。

「大学のときから一緒だった妻が三重出身で、名古屋で働いていたという縁もあったのですが、海外に出て、名古屋に〝ちょうどいい感〟を感じたんですね。

田舎育ちなんで、かつては大都会もいいなと思っていたんですが、オーストラリアやそのほかの国に行って価値観も変わりました。結局、きれいな緑と青空があればそれでいい、という気持ちになったんです。東京や大阪の大都会で大混雑の通勤列車に毎日一時間も耐えて会社に行く生活よりも、自分らしい生活、生き方をしたい。

でも一方で、自分の故郷に帰ったら、自然は素晴らしいけれど、仕事の選択肢が少ない。その点、僕からすると名古屋は十分都会で、でもちゃんと手触りがあって、人間らしい生活があって、ちょうどいい感じがしたんです。自分がイメージしたライフスタイルが名古屋でなら可能じゃないかなと」

自分自身のライフスタイルに合うというだけでなく、田尾さんがやりたいと思っていたインバウンドの旅行事業を興すにも名古屋は最適な場所に思えた。

「海外を旅して気づいたことは、東京、大阪を含め大都会は、もうシドニーだろうがニューヨークだろうが、世界中似てしまっているということです。都市部の文化って特徴がなくて面白くない。

外国人に旅先として日本を売っていくなら田舎を売りたい。そう思いました。外国から来る人は日本らしい文化や価値観に関心があるんです。日本に個人旅行で来るような旅の上級者はとくにそうだと思います。そして、日本らしさって田舎のほうが残っている。名古屋のことを〝大いなる田舎〟とよく言いますが、そこが名古屋のいいところだと思うんです。人のつながりや日常における日本らしさを含め、田舎的良さがまだどこかある。そして名古屋城のようなザ・文化遺産もあり、都会の面白さもある」

事業の主眼は、海外の人にもっと手触りのある日本を旅してもらう個人旅行の手配だ。

「リアルな場で、人と文化をつなぐ、というのが僕の会社のミッションです」

田尾さんはまずインバウンド旅行者向けの旅行会社『ツーリズムデザイナーズ』を立ち上げた。そして、日本の文化を体験できる英語のツアーを催行、人気を得た。市場に行って食材を買ってきて料理を学んだり、名古屋の日常生活に触れる散策などがその中心だ。田尾さん自身が海外を旅したときに、どういうことをしたかったか、なにを面白いと思ったかという視点が生かされた。

もうひとつやりたかった事業が、地域の人が集まるカフェと海外の人が泊まるゲストハウスが一体化した、カフェ・宿・情報発信の融合施設だった。

「旅行会社の仕事の立ち上げが一段落したころ、名古屋駅と伏見駅、普通は地下鉄を乗るところをたまたま歩いていて、円頓寺商店街界隈の四間道の古い町家が並ぶ通りに行き当たりました」

歴史を感じさせる街並みにふと足を止めた。そして、「何？　ここ」と思った。目の前には蔵や古い町家が並んでいるのに、名古屋駅周辺の高層ビル群がすぐそこに見えていた。なんとも面白いコントラストだ。都会のエアポケットだった。

「もしここで暮らすように泊まれるゲストハウスがあったら、最高じゃないか！　と思いました」

地元の溜まり場が旅人にも面白い

ほどなくして、西アサヒの後継者を探していた市原との出会いがあった。

「インバウンドの旅行代理店をやっていると、まちづくりの会とか、地元の集まりで話をすることが結構あるんです。『訪日外国人向けの文化体験ができるツアーを提供していて、将来的にはさまざまな人と文化が交じり合うような場をつくっていきたいです』ということをある集まりで発表していたら、僕の知人が市原さんを紹介するよ、と声をかけてくれました。すでに市原さんの活動は知っていましたから、嬉しかったですね」

市原にあらためて円頓寺商店街を案内してもらって西アサヒを見たとき、田尾さんはすぐに「まさにこういうところです、僕のやりたかった場所は」と言った。

「西アサヒは長い間、地域の人に愛された店でした。地域の人が集まるからこそ、外から来た人も面白いと感じるんです。旅行者のいちばんの楽しみは、地元の人との交流です。ただ、僕は人と人を無理やりつなげるのはあんまり好きではなくて、地球の裏側から来てゲストハウスにチェックインした人と、近所のおばあちゃんが同じ場で銘々《めいめい》好きなものを飲んだり食べたり自然にくつろいでいる感じ、それが具体的につくりたいイメージでした。

なので、西アサヒの歴史は、僕にとってありがたい話でした。せっかくだからここをまったく新しい場所にするんじゃなくて、もとの持ち味を守りながらも、外からも人がやってきたくなる、そんな店をつくろうと思いました。

開店したあと、取材が来るたびに、『西アサヒをどうやって継承して、どう守ろうと思っているんですか』と訊かれました。だけど僕は営業していた時代の西アサヒを知らないし、継承しようという意気込みがあったわけでもないんです。空き店舗に人をマッチングするというナゴノダナバンクの仕組みがあったので、そこに乗っけてもらった感じです」

駅から徒歩一五分は好立地

話がまとまり、いざ西アサヒの建物に入ってみると、そこはゴミの山だった。ゴミを片づけることから、西アサヒの〝継承〟は始まったのである。片づけて、リノベーション工事をし、オープンするまでに三年近くかかった。

リノベーションは市原が担当した。使えるものは何でもそのまま、あるいはちょっとした工夫を凝らして使った。たとえば、今なごのやの外観イメージになっている二階までの大きなガラス。オープンしたとき、人々に「ずいぶん、大きなガラス張りにしたんだね、いいね」と言われたが、実はキレイにしただけだ。以前からガラス張りだったのだが、古いカーテンが下がって、ガラスも汚れていたために、目に付かなかっただけなのだ。店内の吹き抜け部分には天井からライトが下がっているが、これもそのまま。どこか一九七〇年代風で、それが時代がひと回りしてモダンでシックなインテリアになっている。

実はテーブルや椅子もリユースしている。全体に内部をシンプルにすっきりさせ、以前からの物を置き直したことで、円頓寺商店街同様、古さと新しさが同居する居心地の良さが生まれている。

「人によって、むちゃくちゃ新しくておしゃれと言う人もいれば、懐かしいと言う人もいる。いずれにしても、あまりスタイリッシュでいけてる感じは求めてなくて、誰がどんな目的で来てもその人なりにくつろげるという心地よさをいちばん大事にしたかった。人によって感想が違うのも嬉しいことで、市原さんに手掛けてもらったおかげだと思います。

市原さんには、建築家としてお世話になっているだけではないんです。ここに引き込んでもらったところから始まって、最初は店をつくるってどうやっていいかもわからなかったし、経営的な話とか、建物を直すにあたっての補助金のこととか、ほぼお膳立てしてもらったようなものでした」

田尾さんはそう市原について語るが、今は市原にとっても田尾さんは、円頓寺の今後を考え、プロジェクトを実現していく欠かせない仲間となっている。市原の本心を理解する仲間は、いつの間にかずいぶんたくさんに増えていた。

カフェはともかく、海外の人をターゲットにしたゲストハウスを商店街につくるというのは珍しいケースだろう。

田尾さんのなかでビジネスとして勝算はあったのだろうか。

「ビジネス的には宿泊施設にとって、立地が八割、九割を占めます。その点、名古屋駅前から徒歩一五分。これぐらいの距離を日本人は遠いと言いますが、外国人の感覚からすると、そんなに遠くはない。外国人は新幹線駅から歩けるのだからいい立地だと考えます。それに、名古屋城にも歩いていける。地元の人にしたら新たに商売をやるのにそんなにいい立地じゃないと思うかもしれないけれど、海外の人をお客にするならば、そんなに悪い立地条件じゃない。一応ここまでは、僕のなかで見通していました。

日本の普通の生活感が味わえる、暮らしのなかの文化が味わえる、という意味では、パッケージツアーで日本に初めて来るような人はともかく、旅の上級者のニーズには合うという確信もありました」

インバウンドの旅程では名古屋は経由地になりがちだ。東京からスタートして、富士山を見て、岐阜の高山が次の目的地となるのが一般的なルートだが、乗り換えた上、その日のうちに向かうのは難しい。そこで名古屋で一泊、というパターンである。そんなときホテル予約サイトのＢｏｏｋｉｎｇ．ｃｏｍで探してみたら、何かよさそうなところがあるというので宿泊したという、いわば「おこぼれ需要」がオープン当初は多かったという。

しかし、一度来てみたら気に入って、リピーターとなり、なごのやに滞在して街歩きをする人や、口コミを読んで円頓寺商店街を目的に来る旅行者が増えてきた。

「商店街に客を呼ぶ」というとき、ターゲットを近所に住んでいる人、ないしはせいぜいバスや電車でやってくる近隣の人にして商店街は工夫を考える。

田尾さんはそうしたローカル目線とは逆に、遠く離れた異国から人を呼ぶというグローバルな視線でここでの商売を考えた。

そしてそれは成功しつつある。

現在、なごのやの稼働率は八割程度。週末は満室で予約をとるのは難しい。そして外国人だけでなく、二〇代、三〇代の若い日本人の客も増えている。

なごのやの滞在のしやすさ、スタッフのホスピタリティが評価されているのはもちろんだが、加えて、ローカルな魅力を感じてもらえる場所、都会のなかで田舎的風土を持つ円頓寺商店街を立地として選んだことも勝因になったのだ。

おせっかいも商店主のつながり

実際になごのやをオープンし、田尾さんには円頓寺について新鮮な発見があった。

「最初は昔からの建物が残っている街並みがいいなと思って入っていったんですけど、商店街に腰を据えてみると、地域のコミュニティがあって、いわゆる人間同士の交流がありました。古い人がいてあれこれおせっかい焼いてくれる。放っておいても隣のじいちゃんがちょっかい出してくるし。向かいの店長が覗いてくるし。暇なときに来ては同じ昔話を何回も聞かされたり（笑）。朝、通りを歩いてくるだけでも、世間話のひとつふたつ交わしています。

でも、もとが田舎者だからかもしれませんが、僕にとってはこの感じが、都心でひとりでオフィスを借りて起業するより馴染むんです」

気分的なことだけでなく、経営上もメリットがあると続ける。

「一方でシンプルでいいのは、商店街は結局のところ、商売人の集まりなんで、最終的には共通の目的があることです。商店街が盛り上がる、お客さんが増える、賑やかになることに対しては同じ思いでいる。最初は、外国人が来たら騒ぐんじゃないかとか、ゲストハウスってどんなものなんだとか、懸念を持たれていました。でもお客さんがたくさん泊まりに来て、ほかの店でも買い物したり、立ち寄って覗いていくことが増えたら『お客さん、増えたね』と喜んでくれる。取材が来たり、話題になったりするのもみんな喜んでくれる。そうやって、新参者が突然商売を始めたにもかかわらず、人間関係で苦労することも、理不尽な疎外感を味わうこともなかった。

これが田舎の農村とかに行くと、ここまで共通の目的がないし、家ごとにそれぞれの価値観があるしで、たぶんまったく違うでしょうね」

店主同士の連帯感もあるという。

「起業家の集まりというほど格好いいものじゃないけど、商店街のそれぞれの店主は、自分で自分のビジネスに責任を持ってやっているわけです。だから、経営の話もひとりぼっちじゃなくて、『最近、店やばいよね』とか『今日、全然人来なくない？』みたい

「なごのや」定番のタマゴサンドは地元民にも愛されている

なことを同じレベルで話せるんです。これは従業員だと視線が違って、同じレベルでの実感は持てないんですよ。お客さんが少ないほうが楽、みたいなところもあるわけですから。経営者が身近にたくさんいるという心強さも、こういう古いタイプの商店街ならではだと思います」

かつての商店街では、商店主は店で実働するというより、商店街振興組合の理事をやって情報交換をしたり親睦《しんぼく》を深めたりするのが仕事だった。そうした余裕がなくなった現在でも、やはり円頓寺のような古い店も多い商店街では、ある種の連帯感が生きているのだろう。それが田尾さんのように外から入ってきた人に意外に喜ばれている。

「ここで商売をしていると、都会にいるのに『近所の人に見守られて生きている』感じがあるんです。うっとうしいのももちろん含めてですけど、でも、そういうのもあるからこそ、ここに根付いて、地に足つけた商売ができる。そう考えると、〝大いなる田舎〟はぜいたくですよね。円頓寺をいいなと心の底から思ったのは、それに気づいてからです」

そして蓋を開けてみると、もうひとつ意外な展開があった。

商店街に英語が達者な人はほとんどいない。しかし、なごのやに泊まった外国人客が言葉の壁で苦労したり、嫌な思いをしたりすることがなかったことだ。なぜなら、店の人たちが外国人旅行者に対して、身振り手振りも含め、臆せずコミュニケーションしているからだ。

高度経済成長期に人々がスーパーに流れ、会話しながら買い物をするスタイルが時流から外れるにつれ、それまでの商売の仕方に自信を失っていった商店街の人々。

しかし体に染みついた商売人のコミュニケーションスキルが、今ふたたび、外国人客の対応に役立っているのだ。

かつては堀川の運搬船や瀬戸線に乗ってやってくる人たちを迎えてきた円頓寺のホスピタリティも、遠来の客に対していかんなく発揮されている。

時代を超えて円頓寺商店街に残っていたのは、建物だけではなかった。

商売人の心も同様に、この地にまだ宿り続けていたのである。

エンターテインメントの場づくり

飲食の店はずいぶん充実し、友達を連れていきたい店、わざわざ足を運びたい店がある街というイメージが定着してきた円頓寺だが、市原たちがこれから欲しいと思っているのが、エンターテインメントの店だ。

円頓寺には、かつてさまざまな「遊び場」があった。映画館、寄席、ストリップ劇場、釣り堀……人々が暮らしのなかで楽しみにしている時間、ほっとするひとときを過ごす場所。そういう場所があったからこそ、人々が商店街に滞在する時間が長かった。

市原は言う。

「飲食の店が多くなってお客さんは増えたけど、みんな食事が済んだら帰っていく。夜でも、せいぜいもう一軒、バーに寄ろうか、とその程度。

そこへなごのやというゲストハウスができて、宿泊する人が出てくると、一晩過ごすうちに街で三回食事することになる効果がありました。

それに加えてエンターテインメント系や物販店を増やし、いろいろなところを回遊できるようにしたい。一日滞在してもらえるような街にしたいというのが次の段階として取り組んでいることです。飲食だけではやはり長続きしんというか、街としての面白みが足りんと思うんです」

そうして平成二八（二〇一六）年に誕生したのが、芝居小屋『カブキカフェ　ナゴヤ座』である。芝居小屋を常設している商店街というのは、全国的に見ても珍しい。

きっかけは、元おもてなし武将隊のメンバーの名古屋山三郎さんがなごのやでアルバイトをしていたことだ。おもてなし武将隊とは、城を観光資源としてとらえ、戦国武将などに扮してPR活動をする集団である。実は名古屋市から始まって全国に広まり、ローカルアイドルになる人も多かった。名古屋さんは岡崎城を拠点にした葵戦国武将隊だった。ファンがついていた。

名古屋さんはほかの場所で芝居小屋をつくる準備をしていて、その間、日本舞踊西川流家元の紹介でなごのやで働いていた。しかし、予定していた案件が頓挫してしまい、田尾さんから「市原さんに相談してみたら」とアドバイスを受けた。

ちょうどなごのやの斜め向かいにある大きな和食店の『麒麟亭《きりん》』が店を閉めるという情報が入ったところだった。市原はさっそく建物の内部を見に行った。

「劇場で殺陣《たて》もあるとなると、高さが要るので、アーケードに上って建物の構造を見ると、屋根裏にスペースがありそうでした。これなら劇場にできそうだということで、あとは改装費用の問題でした」

小屋主となる古川博さんは、いろいろ計算したが、資金が二〇〇〇万円足りなかった。

それを聞いた市原は「じゃ、二〇〇万、貸すわ」と言ったが、古川さんは妻と、借金せずに自己資金だけでやる約束をしたという。かたくなに借金はだめだというので、「わかった。もう、二〇〇万やるわ」と言った。

古川さんは「ええっ⁉」と声をあげた。「どういうことですか？」

「やるしかないじゃん。二〇〇万、俺があげたらやれるんでしょう」

市原の言葉に「もう一度、考えます」。そして数日後、古川さんはこう返事をした。

「借金してやることに決めました」

「『二〇〇万やるわ』と言わんかったら、やっていなかったかどうかはわからんけどね」と市原は振り返る。

なんといっても、ビジネスモデルなどないに等しい業態である。覚悟がいるスタートだっただろう。

改装され、「那古野ハモニカ荘」と名づけられた元・麒麟亭の一部がナゴヤ座となった。奥にステージがあり、真ん中には花道がある。四〇人ほどが畳に敷いた座布団に座って舞台を見るつくりだ。ステージと客席がこれ以上ないほどに近い。ナゴヤ座いわく、〝距離感ゼロ〟。

ここで毎週、金・土・日曜に昼・夜、六〇分（現在は八〇分）の二公演、名古屋山三郎一座の三名が、歌舞伎をアレンジした派手でスピード感ある舞台を演じる。

オープン当初は観客が集まらず、苦労した。名古屋さんの以前からのファンが通ってくれたが、一日八〇の席数はそれだけでは埋まらない。ＰＲに走り回り、ＳＮＳで発信したり、何度でも来やすくするパスポート制を考案したり、と工夫を重ねた。

もちろんいちばん力を入れたのは、どこにもないようなエンターテインメント性の高い舞台だった。そして、かつて円頓寺にもあったたであろう江戸時代の歌舞伎小屋のように、大向こうやおひねり、紙吹雪など、客席と一体化する演出も加えた。戦前までは日本中にたくさんあった芝居小屋の雰囲気と、映画の『キル・ビル』を思わせる近未来的でシュールな舞台が交ざり合う。座員がビジュアル系なので、客の八、九割は女性だ。

ここも円頓寺商店街とのつながりのなかで発展しようという姿勢は一貫している。公演前に一〇分間の「第ゼロ幕」を小屋の前で上演し、夜の公演前には公演が始まることを呼び掛ける「練り歩き」を行っている。なごのやでの飲食がついたセットチケットを用意したり、円頓寺商店街で購入したテイクアウトメニュー限定で劇場内に持ち込み可にしたり。円頓寺商店街でナゴヤ座をやっている意味は、芝居と商店街を両方楽しんでもらうこと、円頓寺で過ごす時間を長くしてもらうことだという考え方が浸透している。

実際に公演の前後には、商店街で食事したり、酒を飲みながら一座談義に盛り上がる女性たちの姿を見かける。一日に八〇人が芝居を観て、円頓寺で食事をするとすれば、週末の街の空気が変わるのも当然だろう。

平成三〇（二〇一八）年四月に、ナゴヤ座は二周年を迎えた。ゴールデンウィークに設定された二周年記念公演の席は連日前売りだけで満席になった。一座も三名から八名となった。

過ごし方を変えるボルダリング

現在進行形のプロジェクトとして、なごのやの別館になる『那古野ハウス』が完成し、始動している。前述したように、今のなごのやでは週末の予約がとれなくなってきたこともあるが、やはり円頓寺をもっと盛り上げるための場所をつくるということが主眼だ。

なごのやがオープンしたときの「商店街×ゲストハウス」というテーマ、地元の人と海外や日本のほかの地域からの旅行者が交流してほしい、ということは変わらない。ゲストハウスは街の滞在時間をいちばん増やす業態だ。

那古野ハウスは、円頓寺商店街の東の入り口付近にある『サカエ堂』という、以前はレコードオーディオ店だった店舗をリノベーションした。敷地面積は商店街最大の一八〇平方メートルだ。

なごのやよりも、より体験型の宿泊施設で、ラウンジはコミュニティスペースとして開放。自由に調理が楽しめるように、オープンキッチンやバーベキュー設備、薪ストーブのクッキングオーブンも設置する。

そうすれば、商店街で食材を調達して料理を楽しめ、テイクアウトやスイーツを買うことで店先やラウンジで交流が自然に広がるはずだ、と田尾さんは考えた。

そして芝居小屋以外にもエンターテインメントを増やしていきたいと、ボルダリングジムを併設することにした。二階建ての建物の一部を吹き抜けにしてボルダリングスペースを設置する。ボルダリングは落ちても致命傷にならない程度の高さの岩や岩に見立てた壁を、フリークライミングする今人気のスポーツだ。

「スポーツ」というエンターテインメントは、今まで円頓寺商店街になかったものになる。

田尾さんは言う。

「『交流』という側面を考えると、ボルダリングには一過性の流行だけではない確かな力があると思います。まず全天候型でいつでもできること。そして、年齢・性別の壁がなく、どんな人でもそれぞれ自分に合った強度・スタイルで続けることができる。また個人競技でありながら、競技者同士のコミュニケーションも盛んで、新しい出会いや仲間ができやすく、まさに交流に向いたスポーツです。

円頓寺商店街での新しい過ごし方や交流の生まれ方になればいいなと思います」

ボルダリングジムの運営はボルダリングインストラクターの須澤智子さんが主宰する『KNOT（ノット）』という会社が担当する。

かつて須澤さんの娘さんは那古野の幼稚園に通っており、円頓寺商店街を通ることがあったが、当時は「寂しい商店街」と感じていたという。四年ほど名古屋を離れたあとに戻ってきて、久しぶりに円頓寺商店街を訪れ、「魅力的なお店が増えて、名古屋駅とは違った落ち着いた雰囲気でゆったりと過ごせる」と感じ、できればこのエリアでボルダリングジムを始めたいと思っていたという。

二四軒の新しい繁盛店

ナゴノダナバンクが発足して平成三〇（二〇一八）年でちょうど一〇年になる。

ここまでの成果を振り返ってみよう。

空き家・空き店舗再生プロジェクトによって生まれた店は計二六軒になった。

そのうち閉店してしまったのは、二軒だけである。一軒は家族の事情でやむなく円頓寺を離れることになったブラジル音楽CD専門店で、しかし今も円頓寺でブラジル音楽のライヴを行うなど、関わりはなくなっていない。そのあとには『天然酵母パン　芒《ぼう》種《しゅ》』という店が入った。遠くから買いに来る人も多い話題の店だ。尾張の小京都といわれ、パン激戦区である犬山で人気の店。食事パンが美味しい。

閉店したもう一軒は、ドッグカフェ。ドッグランの運営が難しかったために閉店した。

現在残っている二四軒の店はどこもファンが多く、注目される繁盛店となっている。

この成果は、どこへ行っても店の開店・閉店のサイクルが早い昨今、信じられないことだ。

市原も続いていくことを大切に考えている。

「一度開店したら、長く存続する。これは意味あることだと思っています。通りに人がたくさん歩いているかどうかで商店街の活気を判断する人がいますが、それは違います。人が歩いているだけでは金は生まれませんから。客を集める繁盛店がたくさんあるのが、活気ある商店街です。商店街は商いの場です。そこで人が生計を立てているのだから、収益を生まなければ商店街とは言えんのです」

繁盛し、長く続く店を誘致することが欠かせないのである。

「店を誘致するときの判断は、老舗に成り得るポイントがあるかの見極めだと思います。それにはまず個性的で業態に特徴があるかということ。

もうひとつは、ファンやサポーターを得られるカリスマ性のある店主であること。言い換えれば、感度の高い店主ということです。

そういう店ができると、『あの人が円頓寺にいるのだったら、自分も円頓寺で何かやってみたい』という人が出てくる。人が人を呼ぶんですね」

たしかに二四軒のうち、まったく同じ業態の店はない。それどころか、飲食店も、

『圓谷』は日本酒と酒肴、『凡才』は日本ワイン専門居酒屋、『淡《あわい》如雲《じょううん》』は肉割烹など、かなり切り口が絞られている。またオーダー靴専門店『Ａｎｔｉｃｏ Ｃｉａｂａｔｔｉｎｏ（アンティコ チャバッティーノ）』、北欧雑貨ワッフルの『モッカ』などはここでしか出会えない店という印象を与える。

場の価値を上げる地道な積み重ね

パリのパッサージュ・デ・パノラマのメスメー理事長は「商店街やこの街を愛する人が一緒になって活発に街づくりに関わっている」ことに驚き、「パリではおそらくこうはいきません」と言っていたが、こうはいかないのはパリだけでなく、日本でも同じだろう。

とくに地方の商店街では、シャッター街の活性化への取り組みが進まないというケースがよくある。

空き店舗の大家に貯蓄があったり、家族がほかの職業に就いていたりすると、生活していく金には困らないため、せっかくその街に魅力を感じて場所を借りて店を開きたいという若い人がよそからやってきてもなかなか貸したがらない。

円頓寺界隈でも最初は同様な考えの人が多かった。市原とナゴノダナバンクが多くのプロジェクトを可能にしたのは、急いで街を変化させようとせず、時間をかけてプロジェクトを浸透させたことが大きい。二六軒の店を開けるために、一〇年近くを費やしているのだ。最近はひとつのビルができれば、一度に二〇軒以上の店が開くのもざらだ。それを考えると、円頓寺の変化はかなりゆっくりだ。

市原も、「一年に二、三軒ずつ、というのが僕のペースでもあるし、このエリアに合ったペースでもあると思うんです」と言う。

「僕はゴールをすぐ近くにしか設定しないようにしているんです。もちろん、今手掛けている現場が、こういう形で出来上がったらこうなるというビジョンは持っています。こういう形で営業が続いていけばいいなというゴールも設定していますが、遠くにはゴールを設定しない。なぜなら、柔軟に対応していかないといけないことなのに、遠いゴールの方向へとにかく近づけようとして、無理してしまうことが出てくるからです。目先のひとつひとつ、一店舗、一店舗を地道にやっていき、たまに俯瞰《ふかん》して見たときに、こうだったらもっといいよね、というところを少し方向修正するぐらいの柔軟性が重要だなと思います」

「ナゴノダナバンク」による空き家・空き店舗の再生

2010年　ギャラリー「galerie P＋EN」
　　　　スペイン食堂「BAR DUFI」
2011年　日仏食堂「en」
　　　　ブラジル音楽CD専門店「サンバタウン」
2012年　生パスタ専門店「あんど」
　　　　food & bar「ホンボウ」
　　　　オリジナル懐石「満愛貴」
2013年　円頓寺アパートメント
　　　　　1F　北欧雑貨ワッフルの店「mocca」
　　　　　2F　鍼灸マッサージ「治療室ぴっころ」
　　　　　2F　ギャラリーショップ「en・duex」
　　　　川伊藤家表蔵SAKE BAR「圓谷」
2014年　懐石「懐韻」
2015年　喫茶・食堂・民宿「なごのや」
　　　　ドッグカフェ「CAFÉ DOG MOFU」
2016年　那古野ハモニカ荘
　　　　　1F　自家製蕎麦と純米酒専門店「路麺えんそば」
　　　　　1F　日本ワイン専門居酒屋「凡才」
　　　　　1F　オーダー靴専門店「Antico Ciabattino」
　　　　　2F　歌舞伎カフェ「ナゴヤ座」
　　　　ギャラリー「Lights Gallery」
　　　　「天然酵母パン　芒種」
　　　　肉割烹「淡 如雲」
2017年　円頓寺アパートメント
　　　　　1F　ワイン販売・BAR「14倉庫」
　　　　　2F　靴・バッグ「Man products」
2018年　那古野ハウス
　　　　　ボルダリングハウス「NKOT」
　　　　　ゲストハウス「なごのや別館」
　　　　カレー居酒屋「スワロー」

なごのやの田尾さんも実感を込めて言う。

「いい店をつくるとか、いいメニューを開発するとか、イベントのときにオペレーションを頑張ってひとりでも多くのお客さんに入ってもらうようにするとか、そういう具体的活動はあっても、〝街づくり〟という行動って実はないんですね。商店街活性化というのはあくまで結果であって、商店街活性化という活動や行動はない。お客さんが明日行きたい店、行きたくなるサービスをどうやってできるかという、ひとつひとつの地道な積み重ねしかできないなと思います」

こうした積み重ねの結果、円頓寺商店街界隈という場所の価値は確実に上がった。ナゴノダナバンクが活動を始めるときに、空き店舗の家賃は坪単価五〇〇〇円前後だったが、今はたとえぼろぼろであろうがなかろうが一万円を超える。

アーケードの通りに至っては、平成二二（二〇一〇）年に誘致店舗の一軒目であった『バルドゥフィ』と後発である斜め向かいのバー『カンティーナ・ド・マッソ』を比べると、後者は床面積が半分で家賃は二倍だというから、単純計算すれば価値は四倍になったということになる。

何十軒も店ができて、なおかつほとんど閉店していないというポテンシャルの恩恵にあずかりたい、あそこでやればうまくいくだろう、という出店希望者も増えている。

そういう人に市原はいつも言う。

「そんなんじゃないから。一店舗ずつの努力が地道ですごいから、いい店になって、お客さんに愛されてずっと残っている。それだけだから」

クラウドファンディングの成功

前述の那古野ハウスはボルダリングジムと最大一五名が宿泊できるゲストハウス、コミュニティラウンジをつくれるほどに大きい建物なので、リノベーションの費用もかなりかかり、なごのや本館のリノベーション費用と合わせると三〇〇〇万円を超える。

そこで田尾さんは平成二九（二〇一七）年一一月から、一〇〇〇万円を集めることを目標に、クラウドファンディング（インターネットサイトで一般に支援金を募る仕組み）を開始した。

三〇〇〇円コースから、五〇〇〇円、一万円、三万円、五万円、一〇万円、三〇万円、五〇万円までそれぞれのコースにリターンを設定してスタートした。

受けられるリターンは円頓寺に通うことが前提の内容である。

たとえば、一万円コースの場合「コーヒーチケット一一枚、タマゴサンド券三枚、無料宿泊券一枚、ボルダリングジム初回利用料無料、KNOTギフトカード三〇〇〇円分、オープン時特別見学会ご招待」というものだ。

パトロン（支援者）になった人は、そのまま円頓寺に集う人にもなり、円頓寺で時間を過ごし、周囲との交流をつくり出す。円頓寺の仲間になるということだ。

このクラウドファンディングは開始から年末年始を挟んだ二ヵ月後、一月一五日に終了した。合計四三八人からの支援総額は目標額を超える一〇七九万五一八九円となった。

実はこの少し前、同じ年の七月には市原が呼びかけたクラウドファンディングもあった。名古屋・那古野のなかで、街並み保存地区に指定されている四間道にある長屋の一部の古民家改修プロジェクトである。

この長屋が建て替えられたのは、明治二四（一八九一）年に起こった濃尾地震のあとですでに築一二〇年を超えている。八代続く船大工が長年暮らしていた一角にあたる。

クラウドファンディングを呼びかけるウェブサイトに市原はこう書いている。

「今までに二〇店舗を超えるお店が地域に入り、商店街をはじめこの地域は一〇年前とは比較にならないほど活性化され、名古屋の中でも人気のエリアとなりました。今回のプロジェクトでは、これまで行ってきた取り組みの次の一歩として、歴史的価値の高い四間道エリアの街並みを保存していくため、古くから続く長屋の一部の改修プロジェクトを立ち上げました。

長屋の改修にあたり、自治体からの補助金が一部でていますが、それだけでは改修費が足りていない状況です。ぜひ皆さんのお力をお借りできればと思います」

このプロジェクトでの一万円コースのリターンは、「お礼のメッセージ、名前入りの記念冊子、改修記念イベントへの招待、サポーター認定証」である。サポーター認定証があると、地域のさまざまな店で特典を受けられる。すなわち、街の店の利用促進につながることになる。

単に資金を集めるだけでなく、円頓寺に関わり、好きになる人を増やす仕組みになっているのだ。

このクラウドファンディングは九月に終了。目標額五〇〇万円に対して、五〇七万円を集めた。パトロンは二四〇人である。

那古野ハウスのプロジェクトと合わせ、延べ六七八人がパトロン、すなわち、円頓寺を盛り上げる仲間になったのである。

二〇年前、市原が円頓寺商店街に関わり始めたのは、赤いミニスカのお師匠さんから教えてもらった円頓寺を、「こんないい街においでよ」と友達を呼べる街にしたかったからだった。

そして今、自分の金を投じて円頓寺商店街の仲間になりたいという人がこんなに増えたのだ。

円頓寺商店街は、その未来にコミットメントしたい人をこんなにもたくさん得たのである。

訪れたい街から住みたい街へ

市原が二〇年間円頓寺商店街に関わるなかで、学んだことがある。それはきちんとビジョンを描くことの大切さだ。それも、早めに描いておかなくてはならないということである。

「店舗でも、祭りでも、アーケードの改修でもそうですが、どういう姿になるのがいいのか、そのビジョンを描いておかないと、ただ『つくりました』になってしまう。たとえば、アーケード改修にあたっては、改修されたアーケードの下でどんなことができたらいいのか、どんなふうに資金を回収していくのか、そうしたビジョンがあってこそ、じゃあどういう改修をすればいいのかが見えてくるんです」

早めに、というのはどういうことだろう。

「向こうから依頼が来たり、何かが動いてからそれに合わせて考えるのでは遅すぎるんです。街は〝生もの〟ですから。圓谷がいい例ですが、具体的な条件が出てくる前に、『ここはどうあったら理想的なのか』というビジョンを描いておけば、動きがあったときにすぐに話をまとめることができます」

市原が円頓寺商店街に関わって以降も、「私たちがこのシャッター街をすべて開けてみせます」といったコンサルティングの提案が舞い込むことが何度かあったという。往々にして然るべき伝手でやってきて、話を聞かざるを得なかった。しかし、それらは常にビジョンなき提案だった。

「『今閉まっている店にすべて入店者を探してシャッターを開けます』と言うんですが、じゃあ、どんな店が入って、そのあとはどうなるの、と訊くとそこまでは描いていない。シャッターが開くことが重要なのではなく、どんな街になるかが重要なのに」

ビジョンなき提案は、すなわち、街への〝愛なき提案〟だった。

「そういうコンサルティングに反論するには、こちら側に向こうが持っていないビジョンがちゃんとなくてはね」

市原が独自のビジョンを描くことができたのは、街への愛があったからだ。

「ここまでくると店を出したい人はたくさんいるので、飲食店などの店で埋めることは比較的簡単だと思います。でも、それでは街として不自然。住む人が増えてこそ、暮らしの風景のなかにぽつぽつと良い店がある、という状況がつくれる。円頓寺にはそういうバランスが似合うと思います。クラウドファンディングを募った町家も住まいとしてリノベーションしました」

訪れたいだけでなく、住みたいと思う街へ。

「暮らす人が増えた円頓寺」、それが市原の今のビジョンだ。

名古屋市はリニア開通後を見据えての、名古屋街づくり計画のなかで「高速移動で素通りされないためには、オリジナリティを高め、名古屋へ訪れる楽しみ、住まう喜びを高める」と謳《うた》っている。

訪れる楽しみ、住まう喜びがある街とは、そこでしか出会えない魅力が存在する街である。

そのことを名古屋市より早く気づき、体現したのが、市原と円頓寺商店街だろう。一店舗、一店舗のオリジナリティを大切にし、今まで続いてきた店の個性、店主の個性を生かしながら街づくりをしたことが、結果的に円頓寺商店街全体の価値と魅力を高めた。

観光という観点で円頓寺商店街を見てきた愛知淑徳大学の林大策教授は、「東京化してしまった名古屋駅の近くで名古屋のローカリズムを見ることができるのが円頓寺。四間道という尾張藩の時代の商人文化の歴史を感じられる場所に隣接して明治から昭和の大衆文化の香りが残る商店街を体感できるエリア。名古屋全体にとっても貴重だ」と言う。

市原が円頓寺に惹かれたのも、円頓寺商店街には、ここならではの店、店主、雰囲気があったからだった。

それは江戸時代から始まって、さまざまな人がここに住み、商いをしてくるうちに培われたものだ。人は変われども、積み重なってきたものが醸し出すものの価値は大きい。

そして、今、自分ならではの思いをもって店をつくり、商いをして根を下ろそうという若い人々がそこに連なろうとしている。

円頓寺商店街に体温をもたらしているのはこうした思いの集積だ。お仕着せの「コンセプト」や「街づくり計画」とはまさに逆のものである。

大型商業施設の強みが便利さや選択肢の多さであるのとは対照的に、商店街の強みはここに来ないと出合えない、人間が生み出すオリジナリティなのである。

最後に、ホテル予約サイト、Ｂｏｏｋｉｎｇ．ｃｏｍの『なごのや（旧・西アサヒ）』

への評価ページから、外国人による口コミ（原文ママ）をひとつ紹介しよう。書いたのはフィリピンからの若い旅行者である。

This is already my second stay in Nishiasahi, and I brought a friend travelling to Japan for the first time, and she loved the place!
The owners were very accommodating with our requests and made sure we were comfortable. They speak English and Japanese, so no worries about the language barrier.
The local shops along Endoji Shopping Street were also welcoming even with the language barrier. Shopping in Endoji is an experience not to miss.

「ここでの滞在はもう二度目です。日本が初めての友人を連れて来ましたが彼女もすごくここを気にいりました！　スタッフは滞在が快適であるように要望に応えてくれますし、英語と日本語を話すので言葉の壁を心配する必要はありません。

それから円頓寺商店街のローカルな店がやはりとても温かく迎えてくれます。たとえ、言葉の壁があっても、です。

円頓寺での買い物は欠かすことのできない経験です」

市原が「友達にも足を運んでもらえる街にしたい」と思った円頓寺商店街は、遠く海外からの旅人をも呼べる街になった。

そして旅人といえば、三〇〇年以上も前に円頓寺を訪れ、しばし滞在した人物がいた。松尾芭蕉である。

彼も円頓寺のオリジナリティに魅せられたのではないか、と思う。なぜなら円頓寺の夜空を見上げて詠んだのが次の俳句である。

ありとある　譬《たとえ》にも似ず　三日《みか》の月

本文内写真

Ｐ39、59、93、127、143／撮影・入江啓祐
Ｐ33／提供・化粧品のフジタ
Ｐ107／提供・齋藤正吉建築研究所

企画／野地秩嘉

山口あゆみ
1965年、横浜生まれ。日本航空機内誌「SKYWARD」の編集長を経て、現在は独立し、自社で雑誌、単行本の出版など活字媒体を制作するほか、さまざまな企業のブランディング・PR、会員向け事業でのコミュニケーション開発なども手掛ける。共著に『エーゲ海の小さなホテル』(東京書籍)。22万部のベストセラーとなった『キリンビール高知支店の奇跡　勝利の法則は現場で拾え!』(講談社+α新書)では取材・構成に携わった。

講談社+α《プラスアルファ》新書 790-1 C
名古屋《なごや》円頓寺《えんどうじ》商店街《しょうてんがい》の奇跡《きせき》

山口《やまぐち》あゆみ

2018年8月20日第1刷発行
2024年9月17日第4刷発行

発行者―――篠木和久
発行所―――株式会社 講談社
東京都文京区音羽2-12-21 〒112-8001
電話 編集(03)5395-3522
販売(03)5395-4415
業務(03)5395-3615

カバー写真―――入江啓祐
デザイン―――鈴木成一デザイン室
カバー印刷―――共同印刷株式会社
印刷―――株式会社新藤慶昌堂
製本―――株式会社国宝社
本文図版―――朝日メディアインターナショナル株式会社

KODANSHA

定価はカバーに表示してあります。

落丁本・乱丁本は購入書店名を明記のうえ、小社業務あてにお送りください。

送料は小社負担にてお取り替えします。

なお、この本の内容についてのお問い合わせは第一事業本部企画部「+α新書」あてにお願いいたします。

Printed in Japan
ISBN978-4-06-291522-9

講談社+α新書

定年前にはじめる生前整理 人生後半が変わる4ステップ
古堅純子
「老後でいい!」と思ったら大間違い! 今やると身も心もラクになる正しい生前整理の手順
800円 768-1 C

日本人が忘れた日本人の本質
山折哲雄 髙山文彦
「天皇退位問題」から「シン・ゴジラ」まで、宗教学者と作家が語る新しい「日本人原論」
860円 769-1 C

ふりがな付 **山中伸弥先生に、人生とiPS細胞について聞いてみた**
山中伸弥 聞き手・緑 慎也
テレビで紹介され大反響! やさしい語り口で親子で読める、ノーベル賞受賞後初にして唯一の自伝
800円 770-1 B

結局、勝ち続けるアメリカ経済 一人負けする中国経済
武者陵司
２０２０年に日経平均4万円突破もある順風!! トランプ政権の中国封じ込めで変わる世界経済
840円 771-1 C

仕事消滅 ＡＩの時代を生き抜くために、いま私たちにできること
鈴木貴博
人工知能で人間の大半は失業する。肉体労働でなく頭脳労働の職場で。それはどんな未来か?
840円 772-1 C

病気を遠ざける! 1日1回日光浴 日本人は知らないビタミンDの実力
斎藤糧三
紫外線はすごい! アレルギーも癌も逃げ出す! 驚きの免疫調整作用が最新研究で解明された
800円 773-1 B

ふしぎな総合商社
小林敬幸
名前はみんな知っていても、実際に何をしている会社か誰も知らない総合商社のホントの姿
840円 774-1 C

日本の正しい未来 世界一豊かになる条件
村上尚己
デフレは人の価値まで下落させる。成長不要論が日本をダメにする。経済の基本認識が激変!
800円 775-1 C

上海の中国人、安倍総理はみんな嫌い だけど8割は日本文化中毒!
山下智博
中国で一番有名な日本人――動画再生10億回!! 「ネットを通じて中国人は日本化されている」
860円 776-1 C

戸籍アパルトヘイト国家・中国の崩壊
川島博之
9億人の貧農と3隻の空母が殺す中国経済…… 歴史はまた繰り返し、２０２０年に国家分裂!!
860円 777-1 C

知っているようで知らない夏目漱石
出口 汪
きっかけがなければ、なかなか手に取らない、生誕１５０年に贈る文豪入門の決定版!
900円 778-1 C

表示価格はすべて本体価格（税別）です。本体価格は変更することがあります

講談社＋α新書

働く人の養生訓 あなたの体と心を軽やかにする習慣
若林理砂
だるい、疲れがとれない、うつっぽい。そんな現代人の悩みをスッキリ解決する健康バイブル
840円 779-1 B

認知症 専門医が教える最新事情
伊東大介
正しい選択のために、日本認知症学会学会賞受賞の臨床医が真の予防と治療法をアドバイス
840円 780-1 B

工作員・西郷隆盛 謀略の幕末維新史
倉山満
「大河ドラマ」では決して描かれない陰の貌。明治維新１５０年に明かされる新たな西郷像！
840円 781-1 C

「よく見える目」をあきらめない 遠視・近視・白内障の最新医療
荒井宏幸
劇的に進化している老眼、白内障治療。50代、60代でも８割がメガネいらずに！
860円 783-1 B

野球エリート 野球選手の人生は13歳で決まる
赤坂英一
根尾昂、石川昂弥、高松屋翔音……次々登場する新怪物候補の秘密は中学時代の育成にあった
840円 784-1 D

NYとワシントンのアメリカ人がクスリと笑う日本人の洋服と仕草
安積陽子
マティス国防長官と会談した安倍総理のスーツの足元はローファー…日本人の変な洋装を正す
860円 785-1 D

医者には絶対書けない幸せな死に方
たくきよしみつ
「看取り医」の選び方、「死に場所」の見つけ方。お金の問題……。後悔しないためのヒント
840円 786-1 B

もう初対面でも会話に困らない！口ベタのための「話し方」「聞き方」
佐野剛平
『ラジオ深夜便』の名インタビュアーが教える、自分も相手も「心地よい」会話のヒント
800円 787-1 A

人は死ぬまで結婚できる 晩婚時代の幸せのつかみ方
大宮冬洋
80人以上の「晩婚さん」夫婦の取材から見えてきた、幸せ、課題、婚活ノウハウを伝える
840円 788-1 A

サラリーマンは３００万円で小さな会社を買いなさい 人生１００年時代の個人M&A入門
三戸政和
脱サラ・定年で飲食業や起業に手を出すと地獄が待っている。個人M&Aで資本家になろう！
840円 789-1 C

名古屋円頓寺《えんどうじ》商店街の奇跡
山口あゆみ
「野良猫さえ歩いていない」シャッター通りに人波が押し寄せた！　空き店舗再生の逆転劇！
800円 790-1 C

表示価格はすべて本体価格（税別）です。本体価格は変更することがあります